어휘로 잡는

빵빵 독해

초등 사회 2

글 서보현 | 그림 김석, 조승연

웅진주니어

이 책의 특징

❝ 어휘를 알면 독해가 쉽다! 어휘력을 빵빵하게 키워 독해를 쉽게 할 수 있습니다.

글을 읽고도 무슨 뜻인지 모르는 이유가 무엇일까요? 글을 읽고 그 내용을 이해하는 능력인 독해력이 부족하기 때문입니다. 독해력은 문장을 읽고 이해하는 능력인 문해력과도 연결됩니다. 문해력을 기르려면 어휘력이 바탕이 되어야 합니다. 『어휘로 잡는 빵빵 독해』에서는 어휘의 의미와 쓰임을 다양한 상황으로 구성해 보여 줌으로써 아이들이 어휘를 쉽게 이해할 수 있게 하였습니다. 또한 이렇게 익힌 어휘를 짧은 문장으로 확인하는 문제를 통해 문해력을 키우고 긴 글까지 확장해 이해할 수 있도록 하였습니다.

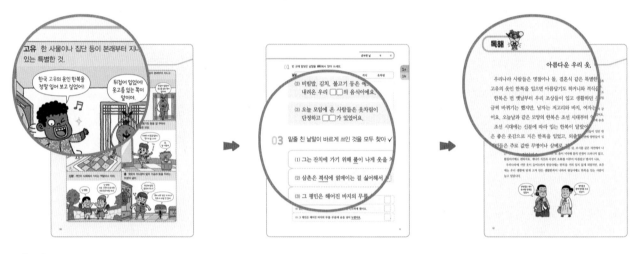

❝ 초등 교과와 연계한 독해 프로그램으로, 교과 지식을 넓힐 수 있습니다.

초등 사회 교과서에 나오는 주제로 구성된 다양한 지문을 통해 독해 능력을 키우고 교과 공부에 필요한 기초 지식도 키울 수 있도록 하였습니다. 또 '교과서 속 책 읽기'를 통해 초등 및 중등 국어 교과서에 나오는 지문을 미리 읽어 보는 경험을 할 수 있습니다.

주	일차	학습 주제	주	일차	학습 주제
1주 우리 문화 1	1	우리나라의 전통 옷, 한복	3주 세계 문화 1	1	세계 여러 나라의 음식
	2	우리나라의 전통 음식, 김치		2	나라마다 다양한 식사법
	3	우리나라의 전통 집, 한옥		3	세계 여러 나라의 집
	4	우리나라의 명절		4	이누이트의 전통 생활 모습
	5	우리나라의 민속놀이		5	세계 여러 나라의 전통 옷
2주 우리 문화 2	1	우리나라의 전통 혼례	4주 세계 문화 2	1	세계의 다양한 인사법
	2	우리나라의 도자기		2	이웃 나라의 새해 첫날 모습
	3	옛날의 교육 기관, 서당		3	세계의 축제
	4	서민들의 그림, 민화		4	세계의 종교
	5	마을 지킴이, 장승과 솟대		5	세계 문화유산
교과서 속 책 읽기			교과서 속 책 읽기		

한 번에 끝내자! 오늘 학습은 오늘 끝내는 성취감을 느낄 수 있습니다.

어휘와 독해를 하루에 하나씩! 1주 6일, 4주 한 권 완성으로 학습 성취감을 높입니다. 부담 없이 학습할 수 있도록 쉽고 간결하게 구성하였으며, 날마다 학습한 날짜를 기록하면서 아이 스스로 꾸준히 학습할 수 있도록 하였습니다.

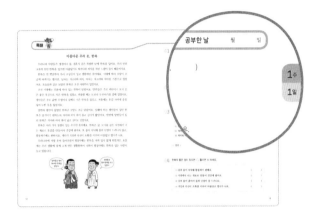

친근한 빵 친구들이 어휘와 독해 학습의 재미를 높여 줍니다.

또띠

똑소리 나는 토르티야. 아는 것이 많고 생각도 많다. 모르는 게 있으면 빨리 알아봐야 직성이 풀리는 성격. 그래서 머리에 항상 돋보기, 스마트폰 등을 넣고 다닌다.

빵이

푸근한 식빵. 웃음이 많다. 감정이 풍부하여 잘 웃고, 부끄러움을 잘 탄다. 새로운 사실을 알았을 때는 얼굴이 부풀었다 쭈그러들었다를 반복한다.

핫또야

장난꾸러기 핫도그. 심심한 걸 견디지 못해 케첩 같은 소스를 뿌려 대며 말썽을 일으키기도 하지만 악의는 없다.

롱이

수다쟁이 마카롱. 무조건 아는 척을 잘하며 모든 일을 참견하고 싶어 이곳저곳을 기웃거린다.

소라

수줍음이 많은 소라빵. 호기심도 많다. 무엇인가 골똘히 생각할 때는 커다란 모자에 몸을 숨기기도 하고, 놀라면 모자가 들썩이는 등 과한 리액션이 매력이다.

꽈리

투덜이 꽈배기. 무슨 일이든지 일단 투덜거리고 본다. 싫을수록 몸이 더 배배 꼬이고, 몸에 묻은 설탕을 털면서 온몸으로 거부한다.

이 책의 구성과 활용 방법

어휘 독해를 하기 전에 독해 지문에 나오는 어휘의 뜻을 익힙니다.

어휘를 익힌 뒤 바로 문제를 풀며 어휘의 뜻을 잘 알고 있는지 확인해 봐.

먼저 어휘의 뜻을 읽고, 만화를 통해 어휘가 어떻게 사용되는지 확인해 봐.

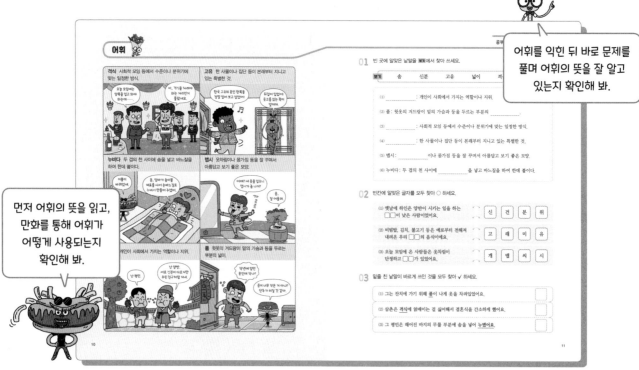

독해 초등 사회 교과서에 나오는 학습 주제를 담은 지문을 읽고 독해력을 기릅니다.

문제를 풀며 글의 내용을 잘 이해했는지 확인해 봐.

먼저 어떤 내용의 글인지 제목을 읽은 다음, 글을 차근차근 읽으며 내용을 파악해 봐.

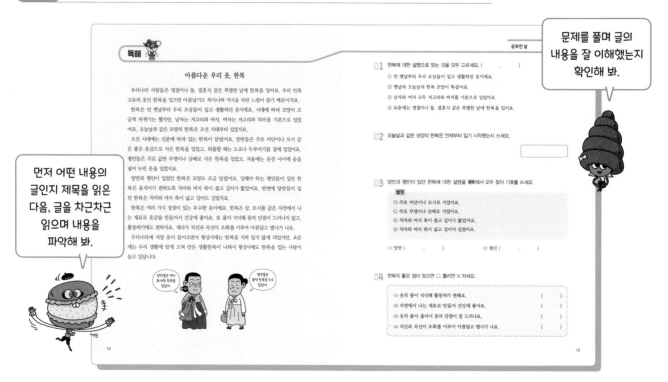

복습 한 주 동안 배운 내용을 낱말 퍼즐, 사다리 타기, 미로 등의 다양한 활동을 통해 복습합니다.

전체 학습 분량 중 완료한 학습량 ─
학습한 어휘 수 ─
학습한 지문 수 ─

왼쪽 면은 어휘를, 오른쪽 면은 독해 내용을 확인하는 활동으로 구성되어 있어.

헷갈리거나 모르는 것이 있으면 앞으로 돌아가 내용을 확인한 뒤 문제를 풀어 봐.

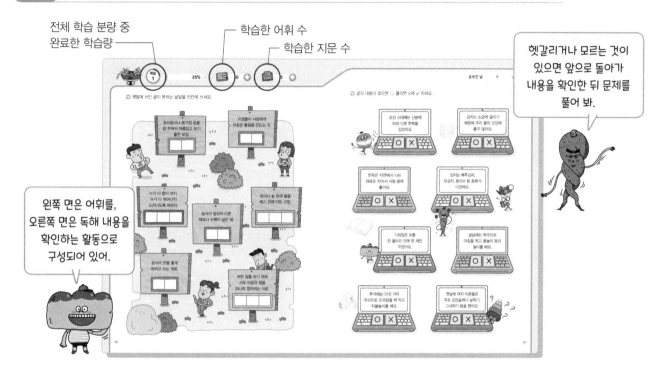

교과서 속 책 읽기 초등 및 중등 국어 교과서에 나오는 다양한 유형의 지문을 읽고 내용을 파악합니다.

학습 주제와 관련된 교과서에 나오는 지문을 읽으며 내용을 파악해 봐.

지문의 내용을 잘 파악했는지 간단한 문제를 풀며 확인해 봐.

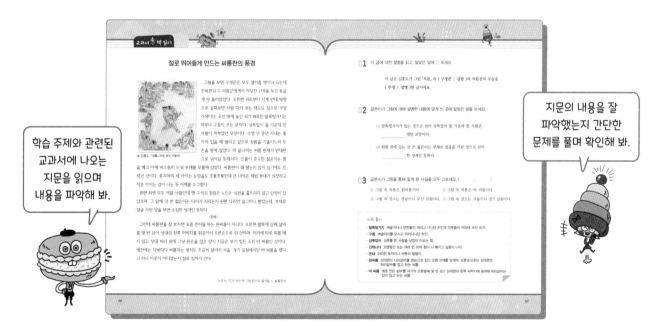

해답 어휘, 독해, 복습, 교과서 속 책 읽기 문제의 해답을 확인합니다.

찾아보기 헷갈리거나 모르는 어휘를 찾아봅니다.

차례

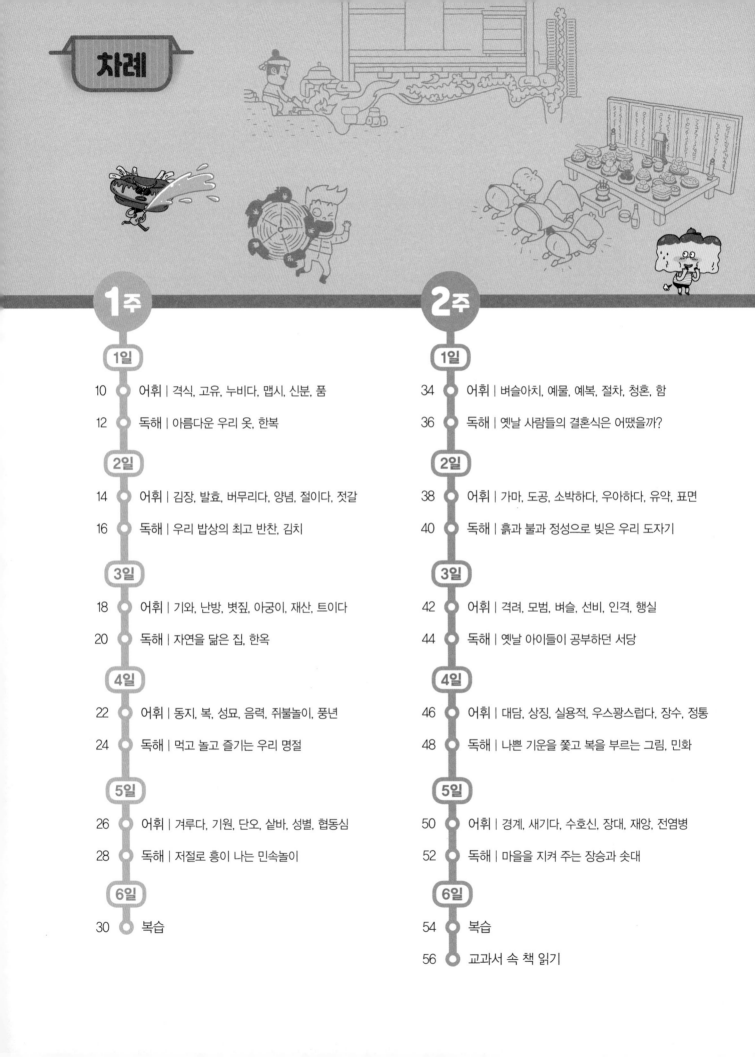

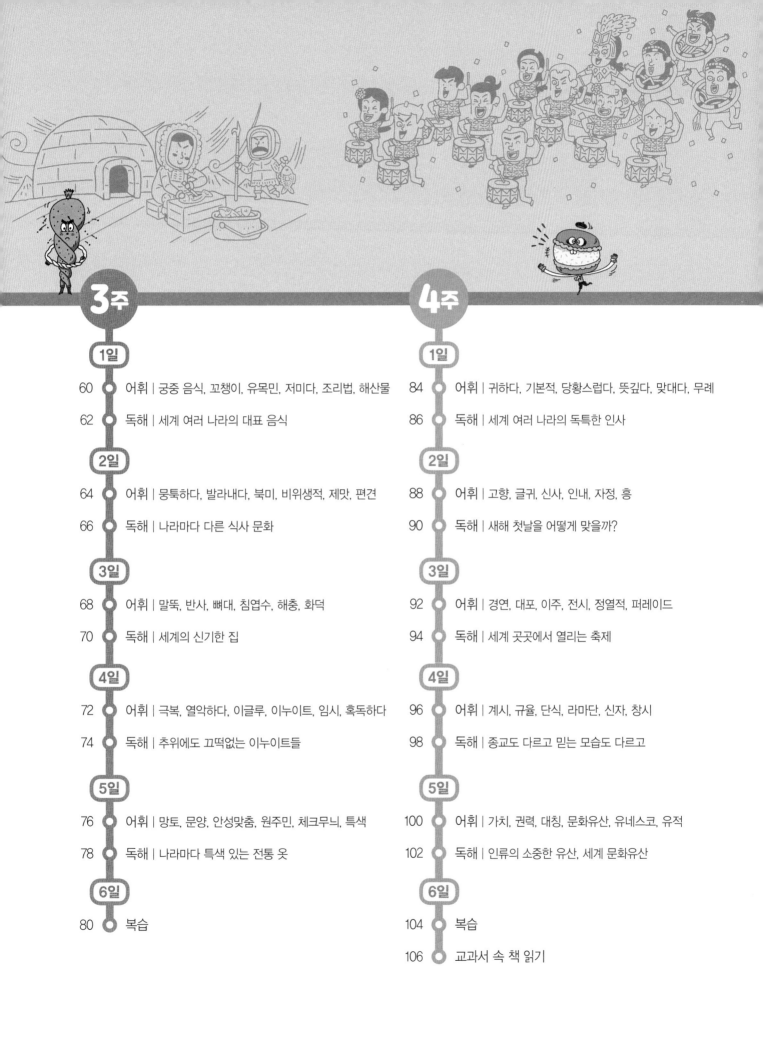

1주 우리 문화 1

1일

어휘 | 격식, 고유, 누비다, 맵시, 신분, 품
독해 | 아름다운 우리 옷, 한복

2일

어휘 | 김장, 발효, 버무리다, 양념, 절이다, 젓갈
독해 | 우리 밥상의 최고 반찬, 김치

3일

어휘 | 기와, 난방, 볏짚, 아궁이, 재산, 트이다
독해 | 자연을 닮은 집, 한옥

5일

어휘 | 겨루다, 기원, 단오, 샅바, 성별, 협동심
독해 | 저절로 흥이 나는 민속놀이

4일

어휘 | 동지, 복, 성묘, 음력, 쥐불놀이, 풍년
독해 | 먹고 놀고 즐기는 우리 명절

6일

복습

격식 사회적 모임 등에서 수준이나 분위기에 맞는 일정한 방식.

고유 한 사물이나 집단 등이 본래부터 지니고 있는 특별한 것.

누비다 두 겹의 천 사이에 솜을 넣고 바느질을 하여 한데 붙이다.

맵시 옷차림이나 몸가짐 등을 잘 꾸며서 아름답고 보기 좋은 모양.

신분 개인이 사회에서 가지는 역할이나 지위.

품 윗옷의 겨드랑이 밑의 가슴과 등을 두르는 부분의 넓이.

01 빈 곳에 알맞은 낱말을 보기 에서 찾아 쓰세요.

보기	솜	신분	고유	넓이	격식	옷차림

(1) _____ : 개인이 사회에서 가지는 역할이나 지위.

(2) 품 : 윗옷의 겨드랑이 밑의 가슴과 등을 두르는 부분의 _____.

(3) _____ : 사회적 모임 등에서 수준이나 분위기에 맞는 일정한 방식.

(4) _____ : 한 사물이나 집단 등이 본래부터 지니고 있는 특별한 것.

(5) 맵시 : _____ 이나 몸가짐 등을 잘 꾸며서 아름답고 보기 좋은 모양.

(6) 누비다 : 두 겹의 천 사이에 _____ 을 넣고 바느질을 하여 한데 붙이다.

02 빈칸에 알맞은 글자를 모두 찾아 ○ 하세요.

(1) 옛날에 하인은 양반이 시키는 일을 하는
　　□□이 낮은 사람이었어요.

신	건	분	위

(2) 비빔밥, 김치, 불고기 등은 예로부터 전해져
　　내려온 우리 □□의 음식이에요.

고	래	미	유

(3) 오늘 모임에 온 사람들은 옷차림이
　　단정하고 □□가 있었어요.

개	맵	씨	시

03 밑줄 친 낱말이 바르게 쓰인 것을 모두 찾아 ✓ 하세요.

(1) 그는 잔치에 가기 위해 **품**이 나게 옷을 차려입었어요. ☐

(2) 삼촌은 **격식**에 얽매이는 걸 싫어해서 결혼식을 간소하게 했어요. ☐

(3) 그 평민은 해어진 바지의 무릎 부분에 솜을 넣어 **누볐어요**. ☐

아름다운 우리 옷, 한복

우리나라 사람들은 명절이나 돌, 결혼식 같은 특별한 날에 한복을 입어요. 우리 민족 고유의 옷인 한복을 입으면 아름답기도 하거니와 격식을 차린 느낌이 들기 때문이지요.

한복은 먼 옛날부터 우리 조상들이 입고 생활하던 옷이에요. 시대에 따라 모양이 조금씩 바뀌기는 했지만, 남자는 저고리와 바지, 여자는 저고리와 치마를 기본으로 입었어요. 오늘날과 같은 모양의 한복은 조선 시대부터 입었지요.

조선 시대에는 신분에 따라 입는 한복이 달랐어요. 양반들은 주로 비단이나 모시 같은 좋은 옷감으로 지은 한복을 입었고, 외출할 때는 도포나 두루마기를 겉에 입었어요. 평민들은 주로 값싼 무명이나 삼베로 지은 한복을 입었고, 겨울에는 옷감 사이에 솜을 넣어 누빈 옷을 입었지요.

양반과 평민이 입었던 한복은 모양도 조금 달랐어요. 일해야 하는 평민들이 입던 한복은 움직이기 편하도록 치마와 바지 폭이 좁고 길이가 짧았어요. 반면에 양반들이 입던 한복은 치마와 바지 폭이 넓고 길이도 길었지요.

한복은 여러 가지 장점이 있는 우수한 옷이에요. 한복은 삼, 모시풀 같은 자연에서 나는 재료로 옷감을 만들어서 건강에 좋아요. 또 품이 넉넉해 몸의 단점이 드러나지 않고, 활동하기에도 편하지요. 게다가 직선과 곡선이 조화를 이루어 아름답고 맵시가 나요.

우리나라에 서양 옷이 들어오면서 평상시에는 한복을 거의 입지 않게 되었지만, 요즘에는 우리 생활에 맞게 고쳐 만든 생활한복이 나와서 평상시에도 한복을 입는 사람이 늘고 있답니다.

01 한복에 대한 설명으로 맞는 것을 모두 고르세요. (　　　,　　　)

① 먼 옛날부터 우리 조상들이 입고 생활하던 옷이에요.

② 옛날과 오늘날의 한복 모양이 똑같아요.

③ 남자와 여자 모두 저고리와 바지를 기본으로 입었어요.

④ 요즘에는 명절이나 돌, 결혼식 같은 특별한 날에 한복을 입어요.

02 오늘날과 같은 모양의 한복은 언제부터 입기 시작했는지 쓰세요.

03 양반과 평민이 입던 한복에 대한 설명을 보기 에서 모두 찾아 기호를 쓰세요.

보기

㉠ 주로 비단이나 모시로 지었어요.

㉡ 주로 무명이나 삼베로 지었어요.

㉢ 치마와 바지 폭이 좁고 길이가 짧았어요.

㉣ 치마와 바지 폭이 넓고 길이가 길었어요.

⑴ 양반 (　　　,　　　)　　　　　　⑵ 평민 (　　　,　　　)

04 한복의 좋은 점이 맞으면 ○, 틀리면 ✕ 하세요.

⑴ 옷의 품이 넉넉해 활동하기 편해요.　　　　　　　　　　(　　)

⑵ 자연에서 나는 재료로 만들어 건강에 좋아요.　　　　　(　　)

⑶ 옷의 품이 좁아서 몸의 단점이 잘 드러나요.　　　　　(　　)

⑷ 직선과 곡선이 조화를 이루어 아름답고 맵시가 나요.　　(　　)

김장 겨울 동안 먹을 김치를 늦가을에 한꺼번에 많이 만드는 일.

발효 미생물이 사람에게 이로운 물질을 만드는 것.

버무리다 여러 가지를 한곳에 넣어 골고루 뒤섞다.

양념 음식의 맛을 좋게 하려고 쓰는 재료.

절이다 재료에 소금, 식초, 설탕 등이 배어들게 하다.

젓갈 생선과 조개의 살, 생선의 알 등을 소금에 짜게 절여 담근 음식.

01 낱말의 뜻을 찾아 선으로 이으세요.

(1) 젓갈 •

(2) 절이다 •

(3) 버무리다 •

• ㉠ 여러 가지를 한곳에 넣어 골고루 뒤섞다.

• ㉡ 재료에 소금, 식초, 설탕 등이 배어들게 하다.

• ㉢ 생선과 조개의 살, 생선의 알 등을 소금에 짜게 절여 담근 음식.

02 뜻에 알맞은 낱말이 되도록 **보기**에서 글자를 모두 찾아 빈칸에 쓰세요.

보기	김	발	장	양	효	념

(1) 미생물이 사람에게 이로운 물질을 만드는 것. ⬚⬚

(2) 음식의 맛을 좋게 하려고 쓰는 재료. ⬚⬚

(3) 겨울 동안 먹을 김치를 늦가을에 한꺼번에 많이 만드는 일. ⬚⬚

03 (　　) 안에서 알맞은 낱말을 골라 ○ 하세요.

(1) 삶은 콩나물에 고춧가루와 소금을 넣고 (오므렸어요 | 버무렸어요).

(2) 오이를 식초에 (모셨더니 | 절였더니) 새콤한 맛이 나요.

(3) 치즈, 청국장 같은 (발효 | 인공) 식품은 맛과 향이 강하고 독특해요.

(4) 아빠는 새우젓, 명란젓 같은 (젓갈 | 재갈)을 좋아해요.

(5) 겨울 동안 먹을 김치를 마련하려고 온 가족이 모여 (주장 | 김장)을 했어요.

(6) 엄마는 찌개에 양파, 마늘, 파, 고춧가루 같은 (양념 | 양식)을 듬뿍 넣었어요.

우리 밥상의 최고 반찬, 김치

우리 밥상에서 빠지지 않는 반찬으로 무엇을 꼽을 수 있을까요? 바로 김치예요. 김치는 배추, 무 같은 채소를 소금에 절인 뒤, 고춧가루, 파, 마늘, 생강 등의 여러 양념에 버무려 만드는 음식이에요. 배추김치, 열무김치, 백김치, 갓김치, 파김치, 총각김치, 오이소박이, 동치미 등 종류도 아주 다양하지요.

▲ 김치

김치는 종류도 여러 가지, 맛도 여러 가지야.

김치가 우리나라 사람들의 밥상에 올라오기 시작한 때는 삼국 시대예요. 가지, 죽순 같은 채소를 소금에 절여 먹던 것이 점점 변해서 오늘날의 김치가 되었지요. 원래 조상들이 먹던 김치에는 고춧가루가 들어가지 않았어요. 그런데 임진왜란 이후에 일본에서 고추가 들어와 김치를 담글 때 고춧가루를 넣으면서 오늘날과 비슷한 빨간 김치가 만들어졌지요.

김치는 지역에 따라 맛이 조금씩 달라요. 사람들이 자신이 사는 지역에 맞게 소금의 양과 양념을 달리해서 김치를 담그기 때문이지요. 겨울이 추운 북부 지방은 소금과 양념을 적게 넣어 김치가 맵지 않고 담백해요. 북부 지방에서는 동치미나 백김치같이 국물이 넉넉한 김치를 주로 담그지요. 남부 지방은 기온이 높아서 김치가 빨리 익기 때문에 그것을 막기 위해 소금과 젓갈, 양념을 많이 넣어 김치가 맵고 짜요.

김치는 아무 때나 담가 먹지만, 늦가을이나 초겨울에는 김장을 해서 겨우내 먹을 김치를 한꺼번에 담그기도 해요. 김치는 배추나 무 같은 주재료를 소금에 절이기 때문에 오래 두고 먹을 수 있어요. 또 비타민 C, 칼슘 같은 영양소가 많고, 김치가 익는 과정에서 발효가 되어 몸에 좋은 유산균이 생겨 건강에도 좋지요. 최근에는 이러한 김치의 장점이 다른 나라에도 널리 알려지면서 김치가 수출되고 있답니다.

01 김치에 대한 글을 읽고, 빈 곳에 알맞은 말을 쓰세요.

> 김치는 배추, 무 같은 채소를 _____ 에 절인 뒤, 고춧가루, 파, 마늘, 생강 등의
>
> 여러 _____ 에 버무려 만드는 음식이에요.

02 김치의 종류가 <u>아닌</u> 것을 찾아 ○ 하세요.

오이소박이   파김치   무조림   동치미

03 어느 지역의 김치에 대한 설명인지 찾아 선으로 이으세요.

(1) 소금과 양념을 적게 넣어
맵지 않고 담백해요.   •

• ㉠ 남부 지방

(2) 소금과 젓갈, 양념을 많이
넣어 맵고 짜요.   •

• ㉡ 북부 지방

04 김치에 대해 바르게 말한 친구를 모두 찾아 ○ 하세요.

지역에 따라 맛이
조금씩 달라.
소라

일본에서 들어온
음식이야.
꽈리

오래 두고 먹을 수
없어.
핫또야

김치가 익는 동안
발효가 되어 건강에
좋아.
롱이

기와 흙이나 시멘트 등의 재료를 사용하여 넓적하게 만들어서 지붕을 덮는 데 쓰는 물건.

난방 건물 안이나 방 안의 온도를 높여 따뜻하게 하는 일.

볏짚 벼에서 낟알을 떨어내고 남은 줄기.

아궁이 방이나 솥 등에 불을 때기 위해 만든 구멍.

재산 개인이나 단체가 가지고 있는 돈이나 돈으로 바꿀 수 있는 것.

트이다 막혀 있던 것이 치워지고 통하게 되다.

01 낱말의 뜻을 **보기**에서 찾아 기호를 쓰세요.

보기

㉠ 벼에서 낟알을 떨어내고 남은 줄기.

㉡ 개인이나 단체가 가지고 있는 돈이나 돈으로 바꿀 수 있는 것.

㉢ 방이나 솥 등에 불을 때기 위해 만든 구멍.

㉣ 건물 안이나 방 안의 온도를 높여 따뜻하게 하는 일.

㉤ 막혀 있던 것이 치워지고 통하게 되다.

㉥ 흙이나 시멘트 등의 재료를 사용하여 넓적하게 만들어서 지붕을 덮는 데 쓰는 물건.

(1) 난방 (   )   (2) 볏짚 (   )   (3) 기와 (   )

(4) 재산 (   )   (5) 아궁이 (   )   (6) 트이다 (   )

02 ⬜ 안에서 알맞은 낱말을 골라 ○ 하세요.

(1) 전기난로는 전기를 이용해 실내를 따뜻하게 하는 | 난방 | 냉방 | 기구예요.

(2) 산꼭대기에 올랐더니 앞이 탁 | 꺼져 | 트여 | 멋진 경치가 보였어요.

03 빈칸에 알맞은 낱말을 찾아 선으로 이으세요.

(1) 옛날 집에서는 ⬜에 불을 때서 방을 따뜻하게 했어요.   •   • ㉠ 재산

(2) 기와집의 지붕에 얹는 ⬜는 썩지 않는 좋은 지붕 재료예요.   •   • ㉡ 볏짚

(3) 우리 조상들은 벼에서 낟알을 떨어낸 ⬜으로 짚신을 지었어요.   •   • ㉢ 아궁이

(4) 저축을 꾸준히 해서 ⬜을 조금씩 늘리고 있어요.   •   • ㉣ 기와

자연을 닮은 집, 한옥

오늘날 우리는 주로 서양의 건축 양식으로 지은 집에서 살아요. 하지만 옛날 우리 조상들은 우리나라의 전통 양식으로 지은 집인 '한옥'에서 살았어요. 한옥은 나무, 돌, 볏짚, 흙 등과 같이 자연에서 나는 재료로 지어서 환경에도 좋고 사람 몸에도 좋지요.

한옥의 가장 큰 특징은 온돌과 마루가 있다는 것이에요. 온돌은 방바닥 밑에 넓고 평평한 돌을 깔고 아궁이에서 불을 때면 뜨거운 기운이 돌을 데워 방바닥을 따뜻하게 만드는 난방 장치예요. 한 번 데운 온돌은 잘 식지 않아서 오랫동안 따뜻하게 지낼 수 있지요. 마루는 방과 방 사이에 널빤지를 깔아 놓은 곳이에요. 마루는 땅바닥과 사이를 띄우고 만들기 때문에 마루 밑에는 늘 찬 공기가 맴도는데, 이 공기가 널빤지 틈으로 올라와 마룻바닥은 항상 시원하지요. 또 마루 앞쪽은 탁 트여 있고, 뒤쪽에는 문이 달려 있어 문을 열면 앞뒤로 바람이 잘 통해서 시원해요.

한옥은 집에 사는 사람의 신분이나 경제적인 정도에 따라 그 형태나 규모가 달랐어요. 양반이나 재산이 많은 사람은 기와로 지붕을 얹은 기와집에 살았어요. 기와집은 보통 한 울타리 안에 여러 채가 있었는데, 남자들과 여자들, 집에서 일하는 일꾼들이 생활하는 곳이 각각 구분되어 있었어요. 또 방이 수십 개나 되는 아주 큰 기와집도 있었지요. 가난한 평민들은 볏짚이나 갈대를 엮어 지붕을 얹은 초가집에 살았어요. 초가지붕은 비나 눈을 맞으면 썩기 쉬웠기 때문에 해마다 새로 갈아 주어야 했답니다.

온돌은 우리나라만의 독창적이고 과학적인 난방법이야.

▲ 온돌의 구조

01 한옥의 재료로 쓰이는 것을 모두 찾아 ○로 묶으세요.

나무   돌   쇠

시멘트   볏짚   흙

02 빈칸에 알맞은 말이 차례대로 묶인 것을 고르세요. (   )

- ☐은 아궁이에서 불을 때면 뜨거운 기운이 돌을 데워 방바닥을 따뜻하게 만드는 난방 장치예요.

- ☐는 방과 방 사이에 널빤지를 깔아 놓은 곳으로, 바람이 잘 통해 시원해요.

① 댓돌 – 마루   ② 온돌 – 나루   ③ 댓돌 – 나루   ④ 온돌 – 마루

03 어떤 한옥에 대한 설명인지 집 이름을 쓰세요.

- 평민들이 살던 집이에요.
- 지붕을 볏짚이나 갈대를 엮어 만들었어요.

- 양반이나 재산이 많은 사람이 살던 집이에요.
- 기와로 지붕을 얹었어요.

(1) (   )   (2) (   )

04 한옥에 대한 설명으로 틀린 것을 고르세요. (   )

① 흙이나 돌 같은 자연에서 나는 재료를 이용해서 지어요.

② 한옥의 종류에는 기와집과 초가집 등이 있어요.

③ 서양의 건축 양식으로 지은 집이에요.

④ 마루나 온돌 등 계절에 맞는 냉방, 난방 장치가 있어요.

동지 일 년 중 낮이 가장 짧고 밤이 가장 긴 날.

복 살면서 누리는 행운.

성묘 조상의 산소에 가서 인사를 드리고 산소를 돌봄.

음력 달이 지구를 한 바퀴 도는 데 걸리는 시간을 기준으로 하여 날짜를 세는 달력.

쥐불놀이 정월 대보름의 전날에 막대기나 줄에 불을 달아 빙빙 돌리며 노는 놀이.

풍년 농사가 잘되어 다른 때보다 수확이 많은 해.

01 뜻에 알맞은 낱말이 되도록 글자를 모두 찾아 ○ 하세요.

(1) 농사가 잘되어 다른 때보다 수확이 많은 해.

| 흉 | 풍 | 룬 | 년 | 복 |

(2) 일 년 중 낮이 가장 짧고 밤이 가장 긴 날.

| 동 | 강 | 등 | 지 | 름 |

(3) 조상의 산소에 가서 인사를 드리고 산소를 돌봄.

| 부 | 성 | 스 | 정 | 묘 |

02 낱말의 뜻을 바르게 설명한 것을 모두 찾아 ✓ 하세요.

(1) '복'은 살면서 누리는 행운을 말해요. ☐

(2) '쥐불놀이'는 꽹과리, 징, 장구, 북 같은 악기를 연주하며 노는 놀이를 말해요. ☐

(3) '음력'은 달이 지구를 한 바퀴 도는 데 걸리는 시간을 기준으로 하여 날짜를 세는 달력을 말해요. ☐

03 빈 곳에 알맞은 낱말을 **보기** 에서 찾아 쓰세요.

| **보기** | 동지 | 복 | 풍년 | 음력 | 성묘 | 쥐불놀이 |

(1) 친구들끼리 새해 ＿＿＿＿＿＿ 많이 받으라는 인사를 주고받았어요.

(2) 우리 아빠 생신은 양력이 아니라 ＿＿＿＿＿＿ 으로 따져서 해마다 날짜가 달라요.

(3) 오늘은 한 해 중에 낮이 가장 짧은 ＿＿＿＿＿＿ 라서 해가 일찍 져요.

(4) 빈 깡통에 나뭇가지를 넣고 불을 피워 돌리며 ＿＿＿＿＿＿ 를 했어요.

(5) 추석에 할아버지의 산소를 찾아 ＿＿＿＿＿＿ 를 했어요.

(6) 올해는 날씨가 좋아 농사가 잘되어 ＿＿＿＿＿＿ 이 들었어요.

먹고 놀고 즐기는 우리 명절

우리나라에는 설날, 추석, 정월 대보름, 동지 같은 명절이 있어요. 명절은 해마다 정해진 시기에 사람들이 함께 즐기거나 기념하는 날을 뜻해요. 명절에는 가족이 모여 맛있는 음식을 먹고 신나는 놀이도 하며 즐겁게 보내지요.

우리나라의 대표적인 명절인 설날은 음력 1월 1일로, 묵은해를 보내고 새해를 맞는 첫번째 날이에요. 설날에는 조상에게 차례를 지내요. 그리고 집안 어른들에게 세배를 하고 어른들은 세뱃돈을 주며 건강이나 복을 비는 덕담을 하지요. 또 떡국으로 아침을 먹은 뒤 윷놀이나 연날리기 같은 전통 놀이를 하며 하루를 보내요.

정월 대보름은 음력 1월 15일로, 새해가 시작되고 처음으로 보름달이 뜨는 것을 기념하는 명절이에요. 이날 이른 아침에는 호두, 땅콩, 밤 같은 딱딱한 견과류를 깨물어 먹는 '부럼 깨물기'를 해요. 부럼을 깨물면 한 해 동안 몸에 부스럼이 나지 않는다고 생각하기 때문이지요. 또 이날에는 다섯 가지 곡식으로 오곡밥을 해 먹고, 줄다리기나 쥐불놀이 등을 해요. 밤에 보름달이 뜨면 산에 올라가 달을 보며 풍년과 가족의 건강을 빌지요.

곡식이 무르익는 가을에는 추석 명절이 있어요. 추석은 음력 8월 15일로, 한 해 농사를 무사히 지을 수 있게 해 준 조상에게 감사하는 명절이에요. 추석에는 송편을 빚고, 그해에 거둔 곡식과 과일을 준비하여 차례를 지내요. 차례가 끝나면 아침을 먹고 조상의 산소에 가서 성묘하고 산소 주변의 풀을 뽑아요.

요즘에는 옛날에 비해 지내는 명절이 줄었고 여러 풍속도 사라졌어요. 하지만 서로에게 복을 빌어 주는 마음과 조상에게 감사하는 마음은 그대로랍니다.

히히, 명절에는 맛있는 음식이 많아서 신나!

01 해마다 정해진 시기에 사람들이 함께 즐기거나 기념하는 날을 무엇이라고 하는지 쓰세요.

02 설날에 대한 설명으로 <u>틀린</u> 것을 고르세요. (   )

① 묵은해를 보내고 새해를 맞는 첫 번째 날이에요.

② 어른들에게 세배를 하고 세뱃돈을 받아요.

③ 차례를 지내고 송편을 먹어요.

④ 윷놀이나 연날리기 등을 해요.

03 정월 대보름에 호두, 땅콩 같은 딱딱한 견과류를 깨물어 먹는 풍습을 무엇이라고 하는지 찾아 ○ 하세요.

지신밟기   더위팔기   쥐불놀이   부럼 깨물기

04 정월 대보름에 대한 설명이면 '대보름', 추석에 대한 설명이면 '추석'을 쓰세요.

⑴ 음력 8월 15일로, 조상에게 감사하는 명절이에요.

⑵ 음력 1월 15일로, 한 해의 첫 보름달이 뜨는 것을 기념하는 명절이에요.

⑶ 오곡밥을 해 먹고, 줄다리기나 쥐불놀이를 해요.

⑷ 차례를 지내고 조상의 산소에 성묘를 가요.

겨루다 누가 더 힘이 센지, 누가 더 뛰어난지 드러나도록 싸우다.

기원 바라는 일이 이루어지기를 빎.

단오 음력 5월 5일에 지내는 우리나라의 명절.

샅바 씨름에서, 허리와 다리에 둘러 묶어서 손잡이로 쓰는 띠.

성별 남자와 여자 또는 수컷과 암컷의 구별.

협동심 어떤 일을 하기 위해 서로 마음과 힘을 하나로 합하려는 마음.

01 낱말에 대한 설명이 맞으면 ○, 틀리면 ✕ 하세요.

(1) '단오'는 음력 1월 15일에 지내는 우리나라의 명절을 말해요. 　　(　　)

(2) '샅바'는 씨름에서, 허리와 다리에 둘러 묶어서 손잡이로 쓰는 띠를
말해요. 　　(　　)

(3) '성별'은 어른과 아이의 구별을 말해요. 　　(　　)

(4) '협동심'은 어떤 일을 하기 위해 서로 마음과 힘을 하나로 합하려는
마음을 말해요. 　　(　　)

(5) '겨루다'는 누가 더 힘이 센지, 누가 더 뛰어난지 드러나도록
싸우는 것을 말해요. 　　(　　)

(6) '기원'은 어떤 일을 이루도록 힘쓰는 것을 말해요. 　　(　　)

02 밑줄 친 낱말을 바르게 사용한 친구를 찾아 ○ 하세요.

친구들이 집에 올
시간에 맞춰서 과일을
기원했어.

소라

난 태권도 대회에서
친구들과 승부를 **겨루어**
우승했어.

핫또야

03 (　　) 안에 알맞은 낱말을 보기 에서 찾아 기호를 쓰세요.

보기　　　㉠ 성별　　　㉡ 샅바　　　㉢ 단오　　　㉣ 협동심

(1) 경기가 시작되자 씨름 선수들은 상대 선수의 (　　)를 꽉 움켜쥐었어요.

(2) 배구나 농구처럼 여럿이 하는 경기에서는 (　　)이 중요해요.

(3) 음력 5월 5일인 (　　)는 우리나라의 중요한 명절 중 하나였어요.

(4) 여자는 초록색, 남자는 보라색으로 (　　)에 따라 옷 색깔을 다르게 입었어요.

저절로 흥이 나는 민속놀이

예로부터 우리 조상들은 명절이면 다양한 민속놀이를 즐겼어요. 마을 사람들은 민속놀이를 함께 하면서 협동심을 기르고 서로의 건강을 기원하며 그해 농사가 잘되기를 바랐지요.

조상들이 즐기던 민속놀이는 성별, 나이, 계절 등에 따라 달랐어요. 남자 어른들은 주로 씨름, 차전놀이 같은 움직임이 많고 힘이 필요한 놀이를 즐겼어요. 씨름은 두 사람이 허리와 다리에 걸친 샅바를 잡고 힘과 기술을 겨루어 상대방을 넘어뜨리는 것으로 승부를 가리는 놀이예요. 씨름은 주로 단오나 추석 같은 명절에 했으며, 우승자에게는 소를 한 마리 주는 전통이 있었어요.

동채

안동 지방의 차전놀이는 무형문화재로 지정되어 있어.

▲ 차전놀이

차전놀이는 두 편으로 나누어 단체로 하는 놀이예요. 긴 참나무를 끈으로 엮어 만든 동채에 대장이 타고 지휘해서 상대편의 동채를 먼저 땅에 닿게 하여 승부를 가리는 놀이지요. 보통 정월 대보름에 마을 사람들의 협동심을 키우기 위해 이 놀이를 했어요.

여자 어른들은 주로 강강술래나 널뛰기, 그네뛰기 등을 즐겼어요. 강강술래는 주로 추석날 밤에 하던 놀이로, 여럿이 손을 잡고 빙빙 돌며 노래를 부르고 춤을 추는 놀이예요. 옛날에 여자들은 밤에 밖에 나가거나 노래를 부를 일이 없었기 때문에 강강술래는 여자들이 사람들과 어울려 신나게 놀 수 있는 좋은 기회였지요.

아이들은 특별히 명절 때가 아니더라도 이웃 친구들과 모여 제기차기, 팽이치기, 딱지치기, 술래잡기, 공기놀이 등을 하며 놀았어요. 이런 놀이들은 언제 어디서나 쉽게 할 수 있어서 오늘날에도 아이들이 즐기고 있답니다.

01 민속놀이에 대한 설명으로 맞는 것을 모두 고르세요. (,   )

① 우리 조상들은 명절에 다양한 민속놀이를 즐겼어요.

② 성별과 나이에 상관없이 같은 놀이를 했어요.

③ 민속놀이를 하면서 건강을 기원하고 농사가 잘되기를 바랐어요.

④ 여자 어른들은 움직임이 많고 힘이 필요한 민속놀이를 즐겼어요.

02 어떤 민속놀이에 대한 설명인지 놀이 이름을 쓰세요.

(1) 정월 대보름에 하던 놀이로, 상대편의 동채를 먼저 땅에 닿게 하여 승부를 가리는 놀이예요.

(2) 단오나 추석에 하던 놀이로, 두 사람이 샅바를 잡고 힘과 기술을 겨루어 상대방을 넘어뜨리는 것으로 승부를 가리는 놀이예요.

03 강강술래에 대해 바르게 말한 친구를 모두 찾아 ○ 하세요.

옛날에 남자 어른들이 주로 하던 놀이야.
꽈리

주로 추석날 밤에 하던 놀이야.
롱이

긴 널빤지의 양쪽 끝에 한 사람씩 올라서서 번갈아 뛰는 놀이야.
빵이

여럿이 손을 잡고 돌며 노래를 부르고 춤추는 놀이야.
소라

04 옛날 아이들이 즐기던 놀이를 모두 찾아 ⊃로 묶으세요.

풍물놀이   술래잡기   공기놀이   씨름

딱지치기   차전놀이   제기차기

팻말에 쓰인 글이 뜻하는 낱말을 빈칸에 쓰세요.

옷차림이나 몸가짐 등을 잘 꾸며서 아름답고 보기 좋은 모양.

미생물이 사람에게 이로운 물질을 만드는 것.

누가 더 힘이 센지, 누가 더 뛰어난지 드러나도록 싸우다.

방이나 솥 등에 불을 때기 위해 만든 구멍.

농사가 잘되어 다른 때보다 수확이 많은 해.

음식의 맛을 좋게 하려고 쓰는 재료.

어떤 일을 하기 위해 서로 마음과 힘을 하나로 합하려는 마음.

글의 내용이 맞으면 ○, 틀리면 ✕에 ✔ 하세요.

조선 시대에는 신분에
따라 다른 한복을
입었어요.
○ ✕

김치는 소금에 절이기
때문에 우리 몸의 건강에
좋지 않아요.
○ ✕

한옥은 자연에서 나는
재료로 지어서 사람 몸에
좋아요.
○ ✕

김치는 배추김치,
파김치, 동치미 등 종류가
다양해요.
○ ✕

기와집은 보통
한 울타리 안에 한 채만
지었어요.
○ ✕

설날에는 떡국으로
아침을 먹고 윷놀이 등의
놀이를 해요.
○ ✕

추석에는 다섯 가지
곡식으로 오곡밥을 해 먹고
쥐불놀이를 해요.
○ ✕

옛날에 여자 어른들은
주로 강강술래나 널뛰기,
그네뛰기 등을 했어요.
○ ✕

2주 우리 문화 2

1일

어휘 | 벼슬아치, 예물, 예복, 절차, 청혼, 함
독해 | 옛날 사람들의 결혼식은 어땠을까?

2일

어휘 | 가마, 도공, 소박하다, 우아하다, 유약, 표면
독해 | 흙과 불과 정성으로 빚은 우리 도자기

3일

어휘 | 격려, 모범, 벼슬, 선비, 인격, 행실
독해 | 옛날 아이들이 공부하던 서당

5일

어휘 | 경계, 새기다, 수호신, 장대, 재앙, 전염병
독해 | 마을을 지켜 주는 장승과 솟대

4일

어휘 | 대담, 상징, 실용적, 우스꽝스럽다, 장수, 정통
독해 | 나쁜 기운을 쫓고 복을 부르는 그림, 민화

6일

복습
교과서 속 책 읽기

벼슬아치 옛날에 나랏일을 하는 관리.

예물 결혼할 때 신랑과 신부가 주고받는 물건.

예복 결혼식이나 장례식 등에 가거나 예절을 갖춰야 할 때 입는 옷.

절차 일을 해 나갈 때 거쳐야 하는 순서나 방법.

청혼 결혼하기를 부탁함.

함 결혼할 때 신랑 쪽에서 옷감과 청혼의 내용을 적은 편지를 넣어 신부 쪽에 보내는 상자.

01 낱말의 뜻을 찾아 선으로 이으세요.

(1) 함 •

(2) 예복 •

(3) 청혼 •

(4) 벼슬아치 •

• ㉠ 결혼하기를 부탁함.

• ㉡ 옛날에 나랏일을 하는 관리.

• ㉢ 결혼식이나 장례식 등에 가거나 예절을 갖춰야 할 때 입는 옷.

• ㉣ 결혼할 때 신랑 쪽에서 옷감과 청혼의 내용을 적은 편지를 넣어 신부 쪽에 보내는 상자.

02 뜻에 알맞은 낱말이 되도록 글자를 모두 찾아 ○ 하세요.

(1) 결혼할 때 신랑과 신부가 주고받는 물건.　　예　계　무　물　술

(2) 일을 해 나갈 때 거쳐야 하는 순서나 방법.　　선　주　절　아　차

03 빈 곳에 알맞은 낱말을 보기 에서 찾아 쓰세요.

보기　함　예복　청혼　절차　예물　벼슬아치

(1) 오케스트라 지휘자는 멋진 ＿＿＿＿＿＿ 을 입고 지휘했어요.

(2) 엄마가 결혼할 때 받은 ＿＿＿＿＿＿ 반지를 잃어버렸어요.

(3) 외국에 가기 위해 여권을 만들려면 어떤 ＿＿＿＿＿＿ 를 거쳐야 하나요?

(4) 예전에는 결혼 전에 신랑 친구들이 신부 집으로 ＿＿＿＿＿＿ 을 가져왔어요.

(5) 그는 관직을 돈으로 사서 ＿＿＿＿＿＿ 가 되었어요.

(6) 삼촌은 사귀던 여자 친구에게 ＿＿＿＿＿＿ 을 했어요.

옛날 사람들의 결혼식은 어땠을까?

오늘날에는 사랑하는 남녀가 결혼하지만, 옛날에는 신랑 신부가 얼굴도 모른 채 결혼하는 경우가 많았어요. 결혼이란 남녀가 정식으로 부부가 되는 것으로, 옛날에는 '혼인'이라고 했어요. 옛날 사람들은 혼인을 집안과 집안의 만남이라고 생각했어요. 그래서 혼인할 상대를 혼인하는 사람의 의사와는 상관없이 집안 어른들이 정했지요.

옛날에 혼인 절차는 예의와 격식을 중시해서 길고 복잡했어요. 두 집안이 혼인하기로 약속하면 신랑 집에서 신랑의 생년월일을 적어 신부 집에 보내고, 신부 집에서는 혼례 날짜를 정해서 알려 주었어요. 그러면 신랑 집에서 신부에게 청혼의 내용을 적은 편지와 혼인 예물이 든 함을 보냈어요.

혼례 날이 되면 신랑이 신부 집으로 가서 혼례를 치렀어요. 이때 신랑은 벼슬아치의 복장인 사모관대를 했는데, 벼슬아치들이 입던 옷인 단령을 입고, 사모를 머리에 쓰고, 목화라는 신발을 신었어요. 신부는 원삼이나 활옷이라고 불리는 예복을 입고, 머리에는 족두리를 썼어요. 혼례가 시작되면 신랑과 신부는 서로에게 큰절을 하고 술을 나누어 마시며 혼례를 치렀지요.

▲ 전통 혼례

파란색이 신랑, 붉은색이 신부를 뜻한대.

혼례가 끝나면 신랑은 신부 집에서 며칠을 지낸 뒤, 신부를 데리고 집으로 갔어요. 신부는 신랑 집인 시댁에 도착하면 준비해 간 음식을 차려 놓고 시부모와 시댁 식구들에게 절을 했는데, 이것을 '폐백'이라고 해요. 절을 받은 시부모는 밤과 대추를 신부에게 던지며 자식을 많이 낳기를 빌어 주었지요.

지금은 옛날과 달리 주로 예식장에서 서양식으로 결혼하지만, 폐백을 드리는 풍습은 아직까지 남아 있답니다.

01 옛날의 혼인에 대한 설명으로 맞는 것을 모두 고르세요. (,   )

① 대부분 사랑하는 남녀가 만나 혼인을 했어요.

② 혼인을 집안과 집안의 만남이라고 생각했어요.

③ 혼인하는 사람이 혼인할 상대를 직접 정했어요.

④ 혼인 절차는 예의와 격식을 중시해 길고 복잡했어요.

02 신랑과 신부의 혼례 복장과 관련된 것을 보기 에서 모두 찾아 기호를 쓰세요.

보기   ㉠ 사모   ㉡ 목화   ㉢ 활옷   ㉣ 족두리   ㉤ 원삼   ㉥ 단령

(1) 신랑 (,   ,   )   (2) 신부 (,   ,   )

03 혼인을 한 신부가 신랑 집에 가서 음식을 차려 놓고 시부모와 시댁 식구들에게 절을 하는 것을 무엇이라고 하는지 쓰세요.

☐

04 옛날에 혼인이 이루어지는 순서대로 기호를 쓰세요.

㉠ 신랑이 신부 집으로 가 혼례를 치러요.

㉡ 신랑 집에서 신부에게 편지와 예물이 든 함을 보내요.

㉢ 신부가 신랑 집으로 가 시부모와 시댁 식구들에게 폐백을 드려요.

㉣ 집안 어른들끼리 혼인하기로 약속해요.

㉤ 신랑 집에서 신랑의 생년월일을 적어 신부 집에 보내고, 신부 집에서 혼례 날짜를 정해요.

(㉣ → ____ → ____ → ____ → ____)

가마 도자기, 기와, 벽돌, 숯 등을 굽는 시설.

도공 흙을 빚어 그릇이나 도자기를 만드는 일을 직업으로 하는 사람.

소박하다 꾸밈이나 욕심, 화려함 등이 없고 수수하다.

우아하다 품위가 있고 아름답다.

유약 도자기에 액체나 기체가 스며들지 못하게 도자기의 몸에 덧씌우는 약.

표면 사물의 가장 바깥쪽. 또는 가장 윗부분.

01 뜻에 알맞은 낱말을 **보기** 에서 찾아 빈칸에 쓰세요.

보기	표면	가마	도공	유약	우아하다	소박하다

(1) 흙을 빚어 그릇이나 도자기를 만드는 일을 직업으로 하는 사람. ⋯⋯ [　　　　]

(2) 사물의 가장 바깥쪽. 또는 가장 윗부분. ⋯⋯⋯⋯⋯⋯⋯⋯⋯⋯ [　　　　]

(3) 도자기, 기와, 벽돌, 숯 등을 굽는 시설. ⋯⋯⋯⋯⋯⋯⋯⋯⋯⋯ [　　　　]

(4) 품위가 있고 아름답다. ⋯⋯⋯⋯⋯⋯⋯⋯⋯⋯⋯⋯⋯⋯⋯⋯ [　　　　]

(5) 꾸밈이나 욕심, 화려함 등이 없고 수수하다. ⋯⋯⋯⋯⋯⋯⋯⋯ [　　　　]

(6) 도자기에 액체나 기체가 스며들지 못하게 도자기의 몸에
덧씌우는 약. ⋯⋯⋯⋯⋯⋯⋯⋯⋯⋯⋯⋯⋯⋯⋯⋯⋯⋯⋯⋯ [　　　　]

02 (　　) 안에서 알맞은 낱말을 골라 ○ 하세요.

" (1) 고운 한복을 입은 이모가
(의아해 | 우아해) 보였어요. "

" (2) 친구가 사는 집은 생각보다 작고
(소박했어요 | 소유했어요). "

03 빈칸에 알맞은 낱말을 찾아 선으로 이으세요.

(1) 도공은 도자기를 [　　]에 넣고 불을
땠어요.　　　　　　　　　　　　　　•　　　　•　㉠　표면

(2) 유리잔 [　　]에 송골송골 물방울이
맺혔어요.　　　　　　　　　　　　　•　　　　•　㉡　도공

(3) 할아버지는 도자기에 [　　]을 바른 뒤
가마에 넣었어요.　　　　　　　　　•　　　　•　㉢　가마

(4) 사람들은 오랫동안 도자기를 빚어 온
[　　]의 작품을 보고 감탄했어요.　•　　　　•　㉣　유약

흙과 불과 정성으로 빚은 우리 도자기

우리나라의 도자기는 세계적으로 유명해요. 다른 나라의 도자기에서 찾아볼 수 없는 맑은 빛깔과 소박하면서도 우아한 모양 때문이지요.

도자기는 찰흙으로 모양을 빚어 말린 후 높은 온도에서 구워 낸 것들을 통틀어 이르는 말이에요. 좋은 도자기를 만들기 위해서는 좋은 흙, 질 좋은 유약, 아름다운 모양을 빚어낼 수 있는 기술, 가마 안을 1,200℃가 넘는 온도로 유지할 수 있는 기술 등이 필요해요. 우리나라에는 좋은 재료가 풍부하고 무엇보다 뛰어난 기술이 있어서 훌륭한 도자기를 만들 수 있었어요.

우리나라 도자기는 시대에 따라 그 특성이 조금씩 달라요. 고려 시대에는 독특한 푸른빛을 내는 고려청자를 주로 만들었어요. 특히 도자기 표면에 무늬를 새기고, 그 자리에 다른 색의 흙을 채워 넣은 다음 유약을 발라 구워 만드는 '상감 청자'는 세계 제일의 도자기로 인정받을 정도이지요.

조선 시대에 와서는 소박하면서도 우아한 백자가 유행했어요. 백자는 하얀 바탕흙 위에 투명한 유약을 발라 구워 만든 자기로, 이름 그대로 색이 눈처럼 하얗고 깨끗해요. 특히 아무런 무늬가 없는 둥근 모양의 백자 달 항아리는 한국적인 아름다움을 표현한 대표적인 도자기로 꼽히지요.

우리나라의 도자기 생산은 임진왜란 때 일본이 우리 도공들을 많이 잡아가는 바람에 잠시 주춤하기도 했어요. 하지만 오늘날에는 도자기를 연구하는 많은 사람의 노력으로 조상들의 도자기 기술이 계승되어 더욱 발전하고 있답니다.

▲ 상감 청자
(국립 중앙 박물관)

▲ 백자 항아리
(국립 중앙 박물관)

백자 항아리는 하얀 옷을 입고 소박한 멋을 즐기는 우리 민족과 닮았어!

01 도자기에 대한 글을 읽고, 알맞은 말에 ○ 하세요.

> 도자기는 (찰흙 | 자갈)(으)로 모양을 빚어 말린 후 (낮은 | 높은) 온도에서 구워 낸 것들을 통틀어 말해요.

02 좋은 도자기를 만들기 위해 필요하지 <u>않은</u> 것을 고르세요. (   )

① 좋은 흙

② 질 좋은 종이

③ 아름다운 모양을 빚어낼 수 있는 기술

④ 가마 안을 1,200℃가 넘는 온도로 유지할 수 있는 기술

03 고려청자와 백자에 대한 설명을 보기 에서 모두 찾아 기호를 쓰세요.

보기

ㄱ 고려 시대에 주로 만들었어요.

ㄴ 조선 시대에 주로 만들었어요.

ㄷ 하얀 바탕흙 위에 투명한 유약을 발라 구워 만들었어요.

ㄹ 독특한 푸른빛을 내는 도자기예요.

(1) 고려청자 (,   )   (2) 백자 (,   )

04 도자기 표면에 무늬를 새기고, 그 자리에 다른 색의 흙을 채워 넣은 다음 유약을 발라 구워 만드는 도자기의 이름을 쓰세요.

격려 용기나 의욕이 생기도록 기운을 북돋아 줌.

모범 본받아 배울 만한 행동이나 그러한 행동을 하는 사람.

벼슬 옛날에 나랏일을 하는 관리의 직분이나 자리.

선비 옛날에 학문을 배우고 익힌 사람.

인격 사람이 갖추어야 할 바른 됨됨이.

행실 실제 겉으로 드러나는 행동.

01 뜻에 알맞은 낱말이 되도록 보기 에서 글자를 모두 찾아 빈칸에 쓰세요.

보기　　　인　　선　　벼　　격　　비　　슬

(1) 옛날에 학문을 배우고 익힌 사람. ┄┄┄┄┄┄┄┄┄┄┄┄ ☐ ☐

(2) 옛날에 나랏일을 하는 관리의 직분이나 자리. ┄┄┄┄┄┄ ☐ ☐

(3) 사람이 갖추어야 할 바른 됨됨이. ┄┄┄┄┄┄┄┄┄┄┄┄ ☐ ☐

02 낱말과 그 뜻이 바르게 짝 지어진 것을 모두 찾아 ✔ 하세요.

(1) 행실 – 실제 겉으로 드러나는 행동. ☐

(2) 모범 – 본받아 배울 만한 행동이나 그러한 행동을 하는 사람. ☐

(3) 격려 – 심하게 꾸지람을 하거나 벌을 줌. ☐

03 ( ) 안에서 알맞은 낱말을 골라 ○ 하세요.

(1) 사장님은 선물을 나누어 주며 직원들을 (격려 | 격리)했어요.

(2) 그 집안은 모든 남자가 학문을 익힌 (선조 | 선비) 가문이에요.

(3) 누나는 행동이 바른 (모난 | 모범) 학생이라서 늘 칭찬을 받아요.

(4) 저 양반은 나랏일을 하다가 (벼슬 | 벼락)에서 물러나 고향으로 내려왔어요.

(5) 학교에서는 (행성 | 행실)이 바르고 성실한 학생에게 표창장을 주었어요.

(6) 아버지는 (인격 | 인색)이 훌륭해서 많은 사람에게 존경을 받아요.

옛날 아이들이 공부하던 서당

요즈음 아이들은 학교에서 공부를 해요. 그럼 옛날 아이들은 어디에서 공부했을까요? 바로 '서당'이에요. 서당은 조선 시대에 초등 교육을 맡아 했던 교육 기관이에요.

서당에는 보통 6~16세 정도의 양반과 평민 아이들이 글을 배우러 다녔어요. 양반집이나 잘사는 집안에서 선생님을 모셔 와 서당을 열거나, 마을 사람들이 뜻을 모아 서당을 열기도 했어요. 또 글을 잘 아는 사람이 자기 집에 직접 서당을 차리기도 했지요.

서당에서 글을 가르치는 사람을 '훈장'이라고 불렀어요. 훈장은 글공부를 많이 했으나 벼슬을 하지 못한 선비나 벼슬에서 물러난 선비들이 주로 맡았어요. 훈장이 되기 위해서는 글공부를 많이 할 뿐만 아니라 아이들에게 모범이 되도록 행실이 바르고 인격이 훌륭한 사람이어야 했지요.

서당에 들어간 아이들은 맨 처음에 『천자문』이나 『훈몽자회』를 배웠어요. 『천자문』은 1,000자의 한자로 된 책으로, 한문을 처음 배우는 사람이 기본적으로 공부해야 하는 책이에요. 『훈몽자회』는 실생활에 쓰이는 글자 중심으로 엮은 한자 학습서로, 한글로 한자의 음과 뜻을 달아 놓아서 배우기가 쉬웠어요. 이런 기초 과정을 거치면 유교의 기본 덕목과 중국 및 우리나라의 역사를 담은 『동몽선습』, 훌륭한 사람들의 말씀이 담긴 『명심보감』 등을 배웠어요. 서당에서는 이런 책들을 완전히 외울 때까지 반복해서 읽도록 했어요. 또 훌륭한 글씨체를 익힐 때까지 쓰고 또 쓰도록 했지요.

아이가 책 한 권을 다 배우고 나면 책씻이를 하고, 다음 책으로 넘어갔어요. 책씻이는 책을 다 뗀 아이가 훈장님과 함께 공부한 친구들에게 음식을 대접하던 일로, 공부하느라 애쓴 학생을 격려하고 훈장님께 고마움을 표시하기 위한 것이었지요.

조선 시대의 화가 김홍도가 서당의 모습을 그린 풍속화야.

▲ 김홍도, 「서당」(국립 중앙 박물관)

01 서당에 대한 설명이 맞으면 ○, 틀리면 ✕ 하세요.

(1) 6~16세 정도의 아이들이 다녔어요.   (   )

(2) 양반 아이들만 다녔어요.   (   )

(3) 서당에 들어가면 맨 처음에 『천자문』이나 『훈몽자회』를 배웠어요.   (   )

(4) 책 내용에 대해 학생들끼리 자유롭게 토론하며 공부했어요.   (   )

02 훈장에 대해 바르게 말한 친구를 모두 찾아 ○ 하세요.

벼슬에서 물러난 선비들이 맡아 하기도 했어. — 빵이

나라에서 글을 가르치라고 뽑은 사람들이야. — 소라

글공부를 많이 하고 행실이 발라야 했어. — 롱이

03 각 책에 대한 설명을 찾아 선으로 이으세요.

(1) 『천자문』   •   • ㉠ 실생활에 쓰이는 글자 중심으로 엮은 한자 학습서

(2) 『훈몽자회』   •   • ㉡ 1,000자의 한자로 된 책

(3) 『동몽선습』   •   • ㉢ 유교의 기본 덕목과 중국 및 우리나라의 역사를 담은 책

04 서당에 다니던 아이가 책 한 권을 다 배우고 나면 훈장님과 함께 공부한 친구들에게 음식을 대접하던 일을 무엇이라고 하는지 쓰세요.

01 ( ) 안에서 알맞은 낱말을 골라 ○ 하세요.

(1) 장수: (오래 | 짧게) 삶.

(2) (정통 | 관통): 바른 계통.

(3) (실용적 | 실체적): 실제적인 쓸모가 있는 것.

(4) 대담: 행동이나 성격이 겁이 (많고 | 없고) 용감함.

(5) (상속 | 상징): 추상적인 사물이나 개념을 구체적인 사물로 나타냄.

(6) 우스꽝스럽다: 말이나 행동, 모습 등이 보통과 달라 (우습다 | 무섭다).

02 빈칸에 알맞은 글자를 모두 찾아 ○ 하세요.

(1) 태극기, 무궁화, 한복 등은 우리나라를 □□해요.

| 산 | 상 | 기 | 징 |

(2) 이곳은 □□ 마을로, 마을 어르신들의 평균 나이가 구십 살이에요.

| 장 | 단 | 수 | 명 |

(3) 우리 가족은 중국 여행을 가서 중국의 □□ 요리를 먹었어요.

| 정 | 선 | 용 | 통 |

03 밑줄 친 낱말의 쓰임이 **틀린** 것을 찾아 ✓ 하세요.

(1) 그는 **대담**한 성격이어서 다른 사람들 앞에 나서는 것을 어려워해요.

(2) 모자는 머리를 보호하기 위한 **실용적**인 목적으로 만들어졌어요.

(3) 엉덩이를 실룩거리며 걸어가는 동생의 뒷모습이 **우스꽝스러웠어요.**

나쁜 기운을 쫓고 복을 부르는 그림, 민화

▲ 「작호도」(국립 중앙 박물관)

혹시 우스꽝스러운 얼굴을 한 호랑이와 까치가 그려진 옛날 그림을 본 적이 있나요? 그 그림은 「작호도」라고 불리는 민화예요. 민화는 옛날에 이름이 알려지지 않은 서민들이 그린 그림으로, 생활에 필요해서 그린 실용적인 그림이지요. 사람들은 방을 장식하기 위해, 혹은 나쁜 기운을 쫓아 버리고 복을 부르기 위해 민화를 집 안에 붙였어요.

민화는 종류가 다양한데, 가장 흔한 것이 까치와 호랑이를 소재로 하여 그린 「작호도」예요. 「작호도」는 호랑이의 기운을 빌려 나쁜 기운을 막고 까치가 좋은 소식을 많이 가져다주기를 바라는 의미를 담고 있어서, 새해에 집 안에 걸어 두거나 선물로 주고받았어요.

거북, 학, 소나무와 같이 장수를 상징하는 열 가지 소재를 모아 그린 「십장생도」는 그 의미 때문에 나이 든 부모님의 생일 선물이나 방을 장식하는 데 쓰였어요. 예쁜 꽃과 함께 한 쌍의 새가 사이좋게 노는 모습을 그린 「화조도」는 젊은 부부의 방에 장식용으로 주로 쓰였지요. 그 밖에도 효(孝), 충(忠), 신(信)과 같이 유교적 교훈의 내용을 가진 한자를 그림 형태로 표현한 「문자도」도 있어요.

민화는 정통 그림과 달리 그림을 그리는 데 지켜야 할 법칙이나 형식이 없었고 소재가 다양했어요. 내용은 대담하고 익살스러웠으며, 색깔은 화려했지요. 그리고 서민들의 생활과 문화가 잘 표현되어 있답니다.

▲ 「문자도」(국립 중앙 박물관)

제(悌), 예(禮), 의(義) 같은 글자도 문자도로 많이 그렸어.

01 옛날에 이름이 알려지지 않은 서민들이 그린 그림으로, 생활에 필요해서 그린 실용적인 그림을 무엇이라고 하는지 쓰세요.

02 사람들이 민화를 집 안에 붙인 이유로 <u>틀린</u> 것을 고르세요. (   )

① 방을 장식하기 위해

② 복을 부르기 위해

③ 보고 따라 그리면서 그림 연습을 하기 위해

④ 나쁜 기운을 쫓아 버리기 위해

03 어떤 민화에 대한 설명인지 찾아 선으로 이으세요.

(1) 유교적 교훈의 내용을 가진 한자를 그림 형태로 표현한 민화　　•　　•　㉠　「십장생도」

(2) 거북, 학, 소나무같이 장수를 상징하는 열 가지 소재를 모아 그린 민화　　•　　•　㉡　「화조도」

(3) 예쁜 꽃과 함께 한 쌍의 새가 사이좋게 노는 모습을 그린 민화　　•　　•　㉢　「문자도」

04 민화의 특징을 바르게 말한 친구를 모두 찾아 ○ 하세요.

내용이 대담하고 익살스러워.

지켜야 할 법칙에 따라 그림을 그려서 세련됐어.

색깔이 화려하지 않아.

소재가 다양해.

꽈리

소라

핫또야

롱이

경계 서로 다른 두 지역이나 사물이 구분되는 지점.

새기다 그림이나 글씨 등을 파다.

수호신 국가나 민족, 개인 등을 지키고 보호하는 신.

장대 나무로 만든 긴 막대기.

재앙 뜻하지 않게 생긴 불행한 사고.

전염병 다른 사람에게 옮아가기 쉬운 병.

01 뜻에 알맞은 낱말을 찾아 선으로 이으세요.

(1) 나무로 만든 긴 막대기.   •   • ㉠   수호신

(2) 다른 사람에게 옮아가기 쉬운 병.   •   • ㉡   새기다

(3) 그림이나 글씨 등을 파다.   •   • ㉢   전염병

(4) 국가나 민족, 개인 등을 지키고 보호하는 신. •   • ㉣   장대

02 빈칸에 알맞은 낱말이 차례대로 묶인 것을 고르세요. (   )

• □은 뜻하지 않게 생긴 불행한 사고를 말해요.

• □는 서로 다른 두 지역이나 사물이 구분되는 지점을 말해요.

① 재앙 – 경기
② 재원 – 경계
③ 재앙 – 경계
④ 경계 – 재앙

03 빈 곳에 알맞은 낱말을 보기 에서 찾아 쓰세요.

| 보기 | 경계 | 전염병 | 재앙 | 수호신 | 새겨 | 장대 |

(1) 옛날 사람들은 마을의 _____ 으로 여기는 산신에게 제사를 지냈어요.

(2) 지구의 온도가 계속 올라가면 지구에 엄청난 _____ 이 올 거예요.

(3) _____ 끝에 달린 하얀 깃발이 바람에 마구 펄럭였어요.

(4) 이웃집과 우리 집의 _____ 인 담장이 무너졌어요.

(5) 친구가 나무 판에 그림을 _____ 나에게 선물로 주었어요.

(6) 작은 마을에 _____ 이 돌아서 마을 사람 대부분이 병에 걸렸어요.

마을을 지켜 주는 장승과 솟대

시골길을 지나다 보면 사람의 얼굴 모양을 새겨서 세워 놓은 나무를 가끔 볼 수 있어요. 이것은 '장승'이라는 거예요. 장승은 대개 나무로 만드는데, 남쪽 지방이나 제주도에는 돌로 만든 장승도 있지요.

옛날 사람들은 장승을 마을을 지키는 수호신으로 여겼어요. 장승을 마을 입구에 세워 두면 장승이 마을에 들어오려는 나쁜 귀신이나 재앙, 전염병 등을 막는다고 생각했지요. 또 장승은 마을과 마을의 경계를 표시하고, 몸통에 이웃 마을의 방향과 거리를 표시해 길을 안내하는 역할도 했어요.

사람들은 대개 남자와 여자 장승을 쌍을 이루어 나란히 세우거나 서로 마주 보게 세웠어요. 남자 장승에는 '천하대장군', 여자 장승에는 '지하대장군' 또는 '지하여장군'이라는 글씨를 새겨 넣는 경우가 많았지요.

장승과 비슷하게 마을을 지키는 또 다른 수호신으로는 솟대가 있었어요. 솟대는 장대나 돌기둥 위에 나무나 돌로 만든 새를 붙여 마을 입구에 세워 둔 것이에요. 옛날 사람들은 마을에 나쁜 기운이나 질병이 들어오지 못하게 막거나 풍년을 빌기 위해 솟대를 세웠어요. 솟대 꼭대기에 단 새 모양은 주로 오리였는데, 지역에 따라 기러기, 갈매기, 따오기 등을 달기도 했지요. 솟대를 홀로 세우기도 했지만 장승과 함께 세우기도 했어요.

장승과 솟대는 마을에 나쁜 일이 생기지 않기를 바라는 사람들의 마음이 담긴 중요한 존재였답니다.

> 장승 얼굴을 무섭게 그린 건 마을에 들어오려는 귀신을 겁주려고 그런 거야.

▲ 장승

◀ 솟대

01 옛날 사람들이 마을을 지키는 수호신으로 여겼던 것을 모두 찾아 ○ 하세요.

| 항아리 | 장승 | 새끼줄 | 솟대 |

02 장승에 대한 설명으로 틀린 것을 고르세요. (　　　　　)

① 나무나 돌로 만들었어요.

② 대개 마을 입구에 남자 장승과 여자 장승을 쌍을 이루어 세웠어요.

③ 마을과 마을의 경계를 표시하는 역할을 했어요.

④ 마을에 들어오는 사람들을 환영하는 뜻으로 세웠어요.

03 솟대 꼭대기에 주로 어떤 새의 모양을 달았는지 새 이름을 쓰세요.

04 솟대에 대한 설명이 맞으면 ○, 틀리면 ✕ 하세요.

(1) 장대나 돌기둥 위에 나무나 돌로 만든 새를 붙여 만들었어요.　　　(　　　)

(2) 집집마다 대문 옆에 세워 두었어요.　　　(　　　)

(3) 마을에 나쁜 기운이나 질병이 들어오지 못하게 막기 위해 세웠어요.　　　(　　　)

(4) 풍년을 빌기 위해 세웠어요.　　　(　　　)

끝말잇기가 되도록 각 번호에 해당하는 보기 의 뜻을 참고해 (　　) 안에 알맞은 낱말을 쓰세요.

예절

① (　　　　　)

차표

② (　　　　　)

면도

③ (　　　　　)

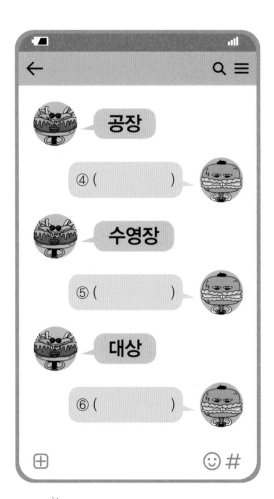

공장

④ (　　　　　)

수영장

⑤ (　　　　　)

대상

⑥ (　　　　　)

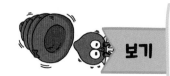 보기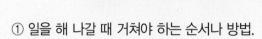

① 일을 해 나갈 때 거쳐야 하는 순서나 방법.

② 사물의 가장 바깥쪽. 또는 가장 윗부분.

③ 흙을 빚어 그릇이나 도자기를 만드는 일을 직업으로 하는 사람.

④ 오래 삶.

⑤ 나무로 만든 긴 막대기.

⑥ 추상적인 사물이나 개념을 구체적인 사물로 나타냄.

➡️ 글의 내용이 맞는 것을 모두 찾아 ○ 하세요. 그런 다음 아래에서 ○를 한 문제의 번호와
   짝 지어진 글자를 차례대로 빈칸에 써서 문장을 완성하세요.

1. 옛날에는 혼인할 상대를 집안 어른들이 정해 주었어요.

2. 옛날에는 혼례를 신부 집에서 치렀어요.

3. 고려 시대에는 소박한 백자가 유행했어요.

4. 도자기는 찰흙으로 모양을 빚어 말린 후 높은 온도에서 구워 내요.

5. 서당에 들어간 아이들은 맨 처음에 한글을 배웠어요.

6. 서당에서 글을 가르치는 사람을 훈장이라고 했어요.

7. 민화는 옛날에 유명한 화가가 그린 그림이에요.

8. 민화는 익살스럽고 색깔이 화려한 것이 많아요.

9. 장승은 나무로만 만들었어요.

10. 장대나 돌기둥 위에 나무나 돌로 만든 새를 붙인 것을 솟대라고 해요.

1	2	3	4	5
까	치	양	소	한

6	7	8	9	10
식	다	많	주	이

[ ] [ ] 야, 좋은 [ ] [ ] 을 [ ] [ ] 가져다줘.

55

절로 뛰어들게 만드는 씨름판의 풍경

▲ 김홍도, 「씨름」(국립 중앙 박물관)

그림을 보면 구경꾼은 모두 열아홉 명이나 되는데 한복판의 두 씨름꾼에게서 적당한 간격을 두고 둥글게 빙 둘러앉았다. 오른편 위로부터 시계 반대 방향으로 살펴보면 사람 따라 보는 태도도 참으로 각양각색이다. 우선 땅에 놓인 위가 뾰족한 말뚝벙거지는 마부나 구종이 쓰는 모자다. 상투잡이 둘 가운데 한 사람이 마부였던 모양이다. 수염 난 중년 사내는 좋아라 입을 헤 벌리고 앞으로 윗몸을 기울이느라 두 손을 땅에 짚었다. 막 끝나려는 씨름 판세가 반대편으로 넘어갈 듯해서다. 인물이 준수한 젊은이는 팔을 베고 아예 비스듬히 누워 부채를 무릎에 얹었다. 씨름판이 꽤 됐는지 앉아 있기에도 진력난 것이다. 총각머리 세 아이는 눈망울도 초롱초롱한데 큰 녀석은 제법 본새가 의젓하고 작은 아이는 겁이 나는 듯 어깨를 오그렸다.

왼편 위엔 모두 여덟 사람인데 맨 구석의 점잖은 노인은 의관을 흩뜨리지 않고 단정히 앉았으며, 그 앞에 갓 쓴 젊은이는 다리가 저리는지 왼편 다리만 슬그머니 뻗었는데, 부채로 얼굴 가린 양을 보면 소심한 성격인 듯하다.

(중략)

그런데 씨름판을 잘 보자면 요즘 흔히들 하는 왼씨름이 아니다. 오른편 팔뚝에 삼베 샅바를 몇 번 감아 상대의 왼쪽 허벅지를 휘감아서 오른손으로 쥔 것이며, 허리에 따로 띠를 매지 않고 상대 허리 위에 그냥 왼손을 얹은 양이 지금은 보기 힘든 소위 바 씨름인 것이다. 예전에는 지방마다 씨름하는 방식도 조금씩 달라서 서울, 경기 일원에서만 바 씨름을 했다고 하니 이곳이 어디였는지 절로 짐작이 간다.

오주석, 『오주석의 옛 그림 읽기의 즐거움 1』, 솔출판사

01 이 글에 대한 설명을 읽고, 알맞은 말에 ○ 하세요.

이 글은 김홍도가 그린 「씨름」 속 (구경꾼 | 심판)과 씨름꾼의 모습을
(주장 | 설명)한 글이에요.

02 글쓴이가 그림에 대해 설명한 내용에 맞게 빈 곳에 알맞은 말을 쓰세요.

⑴ 말뚝벙거지가 있는 것으로 보아 상투잡이 둘 가운데 한 사람은
＿＿＿＿＿＿였던 모양이다.

⑵ 왼편 위에 있는 갓 쓴 젊은이는 부채로 얼굴을 가린 것으로 보아
＿＿＿＿＿＿한 성격인 듯하다.

03 글쓴이가 그림을 통해 알게 된 사실을 모두 고르세요. (　　　,　　　)

① 그림 속 씨름은 왼씨름이다.　　　　② 그림 속 씨름은 바 씨름이다.

③ 그림 속 장소는 경남이나 부산 일원이다.　④ 그림 속 장소는 서울이나 경기 일원이다.

어휘 풀이

• **말뚝벙거지** 벼슬아치나 양반들이 데리고 다니던 하인과 마부들이 머리에 쓰던 모자.

• **구종** 벼슬아치를 모시고 따라다니던 하인.

• **상투잡이** 상투를 튼 사람을 낮잡아 이르는 말.

• **진력나다** 오랫동안 또는 여러 번 하여 힘이 다 빠지고 싫증이 나다.

• **본새** 어떠한 동작이나 버릇의 됨됨이.

• **왼씨름** 상대편의 다리샅바를 왼손으로 잡고 오른 어깨를 맞대며, 오른손으로는 상대편의
　　　　허리샅바를 잡고 하는 씨름.

• **바 씨름** 베로 만든 샅바를 자기의 오른팔에 몇 번 감고 상대편의 왼쪽 허벅지에 동여매 허리샅바는
　　　　잡지 않고 하는 씨름.

3주 세계 문화 1

1일

어휘 | 궁중 음식, 꼬챙이, 유목민, 저미다, 조리법, 해산물

독해 | 세계 여러 나라의 대표 음식

2일

어휘 | 뭉툭하다, 발라내다, 북미, 비위생적, 제맛, 편견

독해 | 나라마다 다른 식사 문화

3일

어휘 | 말뚝, 반사, 뼈대, 침엽수, 해충, 화덕

독해 | 세계의 신기한 집

5일

어휘 | 망토, 문양, 안성맞춤, 원주민, 체크무늬, 특색
독해 | 나라마다 특색 있는 전통 옷

4일

어휘 | 극복, 열악하다, 이글루, 이누이트, 임시, 혹독하다
독해 | 추위에도 끄떡없는 이누이트들

6일

복습

궁중 음식 궁궐에서 왕가의 사람들이 먹던 음식.

꼬챙이 나무나 쇠로 만든, 한쪽 끝이 뾰족한 가늘고 긴 막대기.

유목민 소나 양과 같은 가축이 먹을 풀과 물을 찾아 옮겨 다니면서 사는 민족.

저미다 여러 개의 작은 조각으로 얇게 베어 내다.

조리법 여러 가지 재료를 이용하여 음식을 만드는 방법.

해산물 바다에서 나는 동물과 식물.

01 낱말의 뜻을 **보기** 에서 찾아 기호를 쓰세요.

보기

㉠ 바다에서 나는 동물과 식물.

㉡ 여러 가지 재료를 이용하여 음식을 만드는 방법.

㉢ 나무나 쇠로 만든, 한쪽 끝이 뾰족한 가늘고 긴 막대기.

㉣ 궁궐에서 왕가의 사람들이 먹던 음식.

㉤ 여러 개의 작은 조각으로 얇게 베어 내다.

㉥ 소나 양과 같은 가축이 먹을 풀과 물을 찾아 옮겨 다니면서 사는 민족.

(1) 조리법 (   )   (2) 유목민 (   )   (3) 저미다 (   )

(4) 해산물 (   )   (5) 꼬챙이 (   )   (6) 궁중 음식 (   )

02 밑줄 친 낱말의 쓰임이 <u>틀린</u> 것을 찾아 ✔ 하세요.

(1) 엄마는 얇게 **저민** 고기에 밀가루를 묻히고 달걀을 씌워 전을 부쳤어요.

(2) 옛날에 서민들이 먹던 **궁중 음식**은 소박한 재료로 만들었어요.

(3) 아빠가 수산 시장에서 오징어와 새우 같은 **해산물**을 사 오셨어요.

03 낱말이 들어갈 알맞은 문장을 찾아 선으로 이으세요.

(1) **유목민** •

(2) **꼬챙이** •

(3) **조리법** •

• ㉠ 분식집마다 떡볶이를 만드는 ☐이 달라요.

• ㉡ 옛날에는 껍질을 벗긴 감을 ☐에 꿰어 말려서 곶감을 만들었어요.

• ㉢ 초원 지대에 사는 ☐들은 말을 타고 다니며 가축을 돌보아요.

세계 여러 나라의 대표 음식

우리나라의 대표 음식으로는 불고기, 비빔밥, 김치 등이 있어요. 그럼 다른 나라의 대표 음식으로는 무엇이 있을까요?

중국은 땅이 넓어 지역마다 대표 음식이 달라요. 황제가 살던 베이징 지역은 오리로 만든 궁중 음식인 베이징덕이 유명하고, 쓰촨성 지역은 마파두부처럼 입맛을 돋우는 매운 음식이 유명해요. 일찍부터 외국인이 드나들던 광둥 지역은 전통 요리에 서양 조리법이 결합한 음식이 발달해 탕수육과 딤섬 등이 유명하지요.

섬나라인 일본은 전국 어디서든 싱싱한 해산물을 구하기가 쉬워요. 그래서 해산물을 이용해서 만든 스시가 대표 음식이에요. 스시는 소금과 식초, 설탕 등으로 약하게 간을 한 밥 위에 얇게 저민 생선이나 달걀 등을 올려 먹는 음식으로, 종류가 매우 다양하며 세계적으로 널리 알려져 있지요.

▲ 스시

터키를 비롯한 중앙아시아의 대표 음식은 케밥이에요. 케밥은 양고기나 닭고기, 쇠고기를 작게 썰어 채소 등과 함께 꼬챙이에 꿰어 구워낸 음식이에요. 먼 옛날에 이 지역에서 가축을 기르며 살던 유목민들이 특별한 요리법이나 요리 기구 없이 쉽게 만들어 먹을 수 있어 널리 퍼졌다고 해요.

타코는 멕시코의 대표 음식으로, 옥수숫가루를 반죽해 구운 토르티야에 다진 고기나 해산물, 치즈, 채소 등 다양한 재료를 넣고 소스를 얹어 싸서 먹어요.

이 밖에도 이탈리아의 피자나 인도의 카레 등도 각 나라의 대표 음식으로 전 세계에 알려져 있답니다.

▲ 케밥

▲ 타코

타코에는 매콤한 맛을 내는 살사소스를 뿌려 먹어.

01 중국과 일본 음식에 대한 설명이 맞으면 '예', 틀리면 '아니요'에 ○ 하세요.

(1) 중국의 쓰촨성 지역은 마파두부처럼 매운 음식이 유명해요. | 예 | 아니요 |

(2) 중국의 광둥 지역은 궁중 음식인 베이징덕이 유명해요. | 예 | 아니요 |

(3) 일본의 대표 음식은 스시예요. | 예 | 아니요 |

(4) 스시는 해산물로 만든 음식으로, 종류가 다양하지 않아요. | 예 | 아니요 |

02 어느 나라의 대표 음식인지 찾아 선으로 이으세요.

(1)　**타코**　•

(2)　**피자**　•

(3)　**케밥**　•

(4)　**카레**　•

　•　㉠　터키

　•　㉡　멕시코

　•　㉢　인도

　•　㉣　이탈리아

03 양고기나 닭고기, 쇠고기를 작게 썰어 채소 등과 함께 꼬챙이에 꿰어 구워 낸 음식으로, 중앙아시아의 대표 음식은 무엇인지 쓰세요.

04 스시와 타코에 대한 글을 읽고, 알맞은 말에 ○ 하세요.

(1) 스시는 소금과 식초, 설탕 등으로 약하게 간을 한 밥 위에 얇게 저민
(생선 | 마늘), 달걀 등을 올려 먹는 음식이에요.

(2) 타코는 (빵가루 | 옥수숫가루)를 반죽해 구운 토르티야에 다진 고기나 해산물,
치즈, 채소 등 다양한 재료를 넣고 (소스 | 수프)를 얹어 싸서 먹는 음식이에요.

뭉툭하다 끝이 뾰족하지 않고 굵고 짤막하다.

연필이 뭉툭하네.

이 연필깎이로 깎아 봐.

발라내다 생선에서 가시를 골라내거나 고기에서 뼈에 붙은 살을 떼어 내다.

엄마가 생선 가시를 다 발라내 줘서 먹기 좋아요.

잘 먹으니까 한 마리 더 발라내 줄게.

냠냠

북미 아메리카 대륙의 북부.

북미에 속하는 나라가 어디야?

아메리카

이쪽에 있는 미국, 캐나다, 멕시코 등이야.

북미

비위생적 건강을 지키는 데 좋지 않거나 알맞지 않은 것.

와, 찐빵이다!

손을 씻지 않고 음식을 먹는 건 비위생적이야. 손 씻고 와!

제맛 음식 본래의 맛.

엄마, 찌개를 너무 오래 끓이는 거 아니에요?

청국장찌개는 오래 끓여야 구수하고 깊은 제맛이 난단다.

꼬르륵

편견 공정하지 못하고 한쪽으로 치우친 생각.

넌 말라서 음식을 조금 먹을 것 같은데 참 잘 먹는구나!

마른 사람이 조금 먹을 거라는 건 네 편견이야.

냠냠

쩝쩝

01 낱말과 그 뜻이 바르게 짝 지어진 것을 모두 찾아 ✔ 하세요.

(1) 비위생적 – 건강을 지키는 데 좋지 않거나 알맞지 않은 것. ☐

(2) 뭉툭하다 – 물체의 끝이 점차 가늘어져서 날카롭다. ☐

(3) 발라내다 – 생선에서 가시를 골라내거나 고기에서 뼈에 붙은 살을 떼어 내다. ☐

02 뜻에 알맞은 낱말을 찾아 선으로 이으세요.

(1) 아메리카 대륙의 북부. •   • ㉠ 북미

(2) 음식 본래의 맛. •   • ㉡ 편견

(3) 공정하지 못하고 한쪽으로
    치우친 생각. •   • ㉢ 제맛

03 ( ) 안에서 알맞은 낱말을 골라 ○ 하세요.

(1) (북미 | 남미)에 있는 나라 중 가장 땅이 넓은 나라는 캐나다예요.

(2) 부엌에서 바퀴벌레가 나오다니, 너무 (위생적 | 비위생적)이에요.

(3) 외국인이 모두 김치를 못 먹을 거라는 생각은 (차별 | 편견)이에요.

(4) 색연필이 (뭉툭해서 | 뭉클해서) 칼로 뾰족하게 깎았어요.

(5) 된장찌개는 뚝배기에 끓여야 (제맛 | 쓴맛)이 나요.

(6) 닭 다리에 붙어 있는 살을 (발매해 | 발라내) 동생에게 주었어요.

나라마다 다른 식사 문화

세계 여러 나라의 대표 음식이 다르듯이 나라마다 음식을 먹는 방법도 달라요. 유럽이나 북미의 서양 사람들은 주로 포크와 나이프를 사용해 음식을 먹어요. 서양 사람들은 각자의 접시에 음식을 먹을 만큼 덜어 먹는데, 덩어리로 된 음식을 나이프로 조금씩 잘라 먹고, 포크로 음식을 찍어 먹거나 면 따위를 둘둘 감아 먹어요.

우리나라, 중국, 일본 사람들은 숟가락과 젓가락을 사용해 음식을 먹어요. 우리나라는 음식에 국과 찌개가 많기 때문에 숟가락을 많이 사용하지만, 중국과 일본은 주로 젓가락을 사용해요. 세 나라에서 사용하는 젓가락은 각 나라의 음식 문화에 따라 생김새가 달라요. 우리나라 젓가락은 납작한 모양이고, 주로 금속으로 만들어요. 금속 젓가락은 국물이 있는 반찬을 집어도 국물이 젓가락에 스며들지 않기 때문에 좋지요.

주로 대나무로 만드는 중국의 젓가락은 길고 끝이 뭉툭해요. 중국 사람들은 둥글고 큰 상 가운데에 음식을 놓고 각자 덜어 먹는데, 음식의 거리가 멀어서 긴 젓가락을 사용하지요. 또 뜨겁고 기름진 음식을 집다가 떨어뜨리지 않도록 젓가락 끝이 뭉툭해요.

일본 사람들은 나무젓가락을 쓰는데, 밥그릇을 손으로 들고 먹기 때문에 젓가락 길이가 짧아요. 또 생선 요리를 많이 먹기 때문에 생선 가시를 발라내는 데 편리하도록 젓가락 끝이 뾰족하지요.

우리와 음식 문화가 다르다고 이상하게 생각하면 안 돼!

인도나 동남아시아, 아프리카 사람들은 특별한 도구 없이 손으로 음식을 먹어요. 이들은 손으로 음식을 먹어야 음식의 제맛을 느낄 수 있다고 생각하지요. 이 모습이 우리와 서양 사람들의 눈에는 비위생적으로 보일 수 있지만, 그 나라의 전통과 풍습이므로 편견 없이 보아야 해요.

01 유럽이나 북미의 서양 사람들이 음식을 먹을 때 주로 사용하는 도구를 모두 찾아 ○ 하세요.

포크　　　　　젓가락　　　　　나이프　　　　　꼬챙이

02 우리나라의 젓가락에 대한 설명으로 맞는 것을 모두 고르세요. (　　　,　　　)

① 주로 대나무로 만들어요.

② 납작한 모양이에요.

③ 주로 금속으로 만들어요.

④ 중국의 젓가락에 비해 길이가 길어요.

03 일본과 중국의 젓가락에 대한 설명을 보기 에서 모두 찾아 기호를 쓰세요.

> **보기**
>
> ㉠ 젓가락의 길이가 길어요.　　　　㉡ 젓가락의 길이가 짧아요.
>
> ㉢ 젓가락 끝이 뭉툭해요.　　　　㉣ 젓가락 끝이 뾰족해요.

　　(1) 일본 (　　　,　　　)　　　　　　　　(2) 중국 (　　　,　　　)

04 사람들이 손으로 음식을 먹는 지역이나 나라를 모두 찾아 ⌒로 묶으세요.

동남아시아　　　　중국　　　　아프리카

유럽　　　　인도　　　　일본

01 뜻에 알맞은 낱말이 되도록 글자를 모두 찾아 ○ 하세요.

(1) 이, 벼룩 등과 같이 사람에게 해를
끼치는 벌레.

| 모 | 말 | 해 | 친 | 충 |

(2) 건물 등을 짓는 데 기본이 되는 구조.

| 뼈 | 지 | 비 | 대 | 봉 |

(3) 소나무, 잣나무 등과 같이 잎이 바늘처럼
가늘고 길며 끝이 뾰족한 나무.

| 침 | 활 | 엽 | 인 | 수 |

02 낱말의 뜻을 바르게 말한 친구를 모두 찾아 ○ 하세요.

말뚝은 땅에 두드려
박아 세워 놓는 짧은
기둥을 말해.

빵이

화덕은 숯불을 피워
놓고 쓰게 만든
큰 화로를 말해.

꽈리

반사는 빛이나
소리 등이 휘어져서
꺾이는 것을 말해.

롱이

03 빈 곳에 알맞은 낱말을 보기 에서 찾아 쓰세요.

| 보기 | 해충 | 침엽수 | 말뚝 | 화덕 | 반사 | 뼈대 |

(1) 소나무 같은 _____ 는 겨울에도 잎이 푸르러서 보기에 좋아요.

(2) 건물을 지을 때는 처음에 _____ 를 튼튼하게 세우는 것이 중요해요.

(3) 집에 바퀴벌레 같은 _____ 이 나타나면 소독을 해야 해요.

(4) _____ 에 고구마를 구워 먹었어요.

(5) 거울에 빛이 _____ 해 눈이 부셔 눈을 뜰 수가 없었어요.

(6) 아빠는 텐트를 고정하기 위해 땅에 _____ 을 박았어요.

세계의 신기한 집

다른 나라를 여행하다 보면 우리나라의 집과 다른 형태의 집을 많이 볼 수 있어요. 사람들이 자기가 사는 지역의 기후나 자연환경, 생활 방식에 알맞게 집을 지어 생활하기 때문에 나라마다 집 모양이 다르지요.

▲ 몽골의 게르

가축을 기르면서 풀을 찾아 옮겨 다니며 유목 생활을 하는 사람들은 이동하기 편하게 짓기도 쉽고, 헐기도 쉬운 집을 지어요. 이런 집 중에 대표적인 것이 몽골의 게르예요. 게르는 튼튼한 나무로 집의 뼈대를 세우고, 그 위에 동물의 가죽이나 털로 짠 천을 씌워 만들어요. 게르의 중앙에는 화덕을 두어 추운 겨울에도 따뜻하게 지낼 수 있지요.

물이 많고 일 년 내내 더운 지역에 사는 사람들은 물 위에 집을 지어요. 베트남의 수상 가옥이 대표적이지요. 수상 가옥은 물속에 말뚝을 박고 그 위에 판자를 깔아 집터를 마련한 뒤 주변의 야자나무 등을 이용해 집을 지어요. 집이 물 위에 있어서 시원하고, 모기와 같은 해충을 막는 데도 효과적이지요.

핀란드처럼 겨울이 매우 길고 추운 곳에서는 주로 통나무집을 지어요. 추운 날씨에도 잘 자라는 침엽수를 잘라 집을 짓는데, 바람이 들어오지 못하도록 틈을 잘 막고 창문을 작게 내지요. 눈이 많이 쌓여도 문을 열 수 있게 집을 땅보다 약간 높게 짓기도 해요.

지중해 연안에 있는 그리스의 집들은 대부분 하얀 벽돌집이에요. 지중해 연안은 날씨가 덥고 건조하기 때문에 햇빛이 잘 반사되도록 집 벽을 하얀색으로 칠해요. 또 강한 햇볕을 막기 위해 벽을 두껍게 만들고 창문을 작게 내지요.

▲ 지중해 연안에 있는 그리스의 집

이렇듯 세계 여러 나라 사람들은 자기가 처한 환경에 알맞은 집을 지으며 지혜롭게 살고 있답니다.

01 게르에 대한 설명이 맞으면 ○, 틀리면 ✕ 하세요.

(1) 몽골 사람들이 사는 집이에요.   (   )

(2) 나무로 집의 **뼈대**를 세우고 동물의 가죽이나 털로 짠 천을 씌워 지어요. (   )

(3) 바람이 많이 들어와 겨울에는 집 안이 무척 추워요.   (   )

(4) 집을 짓기도 쉽고, 헐기도 쉬워요.   (   )

02 수상 가옥에 대한 설명으로 <u>틀린</u> 것을 고르세요. (   )

① 물 위에 지은 집이에요.

② 베트남에서 볼 수 있는 집이에요.

③ 더운 지역에 사는 사람들이 짓고 살아요.

④ 모기와 같은 해충이 집 안으로 많이 들어와서 살기에 불편해요.

03 핀란드에서는 주로 어떤 집을 짓고 사는지 찾아 ○ 하세요.

| 유리 집 | 흙집 | 통나무집 | 수상 가옥 |

04 지중해 연안에 있는 그리스 집들에 대한 글을 읽고, 알맞은 말에 ○ 하세요.

(1) 햇빛이 잘 반사되도록 집 벽을 (검은색 | 하얀색)으로 칠해요.

(2) 강한 햇볕을 막기 위해 벽을 (얇게 | 두껍게) 만들고 창문을 (크게 | 작게)
내요.

극복 나쁜 조건이나 힘든 일 등을 이겨 냄.

열악하다 품질이나 능력 등이 몹시 낮고 조건이 나쁘다.

이글루 얼음과 눈덩이로 둥글게 만든 이누이트의 집.

이누이트 북극, 캐나다, 그린란드 및 시베리아의 북극 지방에 사는 인종.

임시 미리 기간을 정하지 않은 잠시 동안.

혹독하다 몹시 심하다.

01 뜻에 알맞은 낱말을 보기 에서 찾아 빈칸에 쓰세요.

보기   임시   이글루   열악하다   극복   혹독하다   이누이트

(1) 몹시 심하다. ⋯⋯⋯⋯⋯⋯⋯⋯⋯⋯⋯⋯⋯⋯⋯⋯⋯⋯⋯⋯

(2) 미리 기간을 정하지 않은 잠시 동안. ⋯⋯⋯⋯⋯⋯⋯⋯

(3) 나쁜 조건이나 힘든 일 등을 이겨 냄. ⋯⋯⋯⋯⋯⋯⋯

(4) 얼음과 눈덩이로 둥글게 만든 이누이트의 집. ⋯⋯⋯

(5) 북극, 캐나다, 그린란드 및 시베리아의 북극 지방에 사는 인종. ⋯⋯

(6) 품질이나 능력 등이 몹시 낮고 조건이 나쁘다. ⋯⋯⋯⋯

02 빈칸에 알맞은 낱말이 차례대로 묶인 것을 고르세요. (   )

· 집을 수리할 동안 이 집에서 ☐로 살 거예요.

· 소녀는 손가락이 세 개만 있는 장애를 ☐하고 피아니스트가 되었어요.

· 코치 선생님이 훈련을 ☐ 시켜서 선수들이 모두 지쳤어요.

① 극복 – 임시 – 열악하게   ② 임시 – 극복 – 혹독하게
③ 임시 – 극기 – 혹독하게   ④ 임시 – 극복 – 열악하게

03 밑줄 친 낱말이 바르게 쓰인 것을 모두 찾아 ✔ 하세요.

(1) 북극 지방에 사는 **이누이트**들은 동물의 털가죽으로 만든 옷을 입었어요.

(2) 이누이트들이 눈덩이를 벽돌처럼 깎아 둥글게 쌓아 올려 **이글루**를 지었어요.

(3) 도시에 있는 종합 병원은 시골에 있는 작은 병원에 비해 시설이 **열악해요**.

추위에도 끄떡없는 이누이트들

북극 주변의 알래스카, 그린란드, 캐나다 북부 지역 등은 땅이 대부분 눈과 얼음으로 덮여 있는 아주아주 추운 곳이에요. 하지만 이런 곳에서도 사람들이 사는데, 바로 이누이트들이지요. 이들은 오래전부터 춥고 열악한 자연환경을 극복하며 슬기롭게 살아왔어요. 옛날에 이누이트들이 어떻게 살았는지 전통 생활 방식을 살펴볼까요?

이누이트들은 혹독한 추위로부터 몸을 보호하기 위해 동물의 가죽과 털로 만든 따뜻한 옷을 입었어요. 속에 입는 옷은 털이 안쪽으로, 겉옷은 털이 바깥쪽으로 향하게 입어 찬 기운이 몸에 닿지 않도록 했어요. 또 신발도 동물의 털가죽으로 만들었는데, 신발 바닥은 바다표범의 가죽으로 만들어 발이 젖지 않게 했지요.

흔히 이누이트 하면 이글루, 즉 얼음집에 산다고 생각하는데, 이글루는 이누이트들이 겨울철에 멀리 사냥을 나갔을 때 임시로 짓고 살던 집이에요. 평소에는 돌이나 흙, 나무를 이용해 지은 집에서 살았고, 여름에는 짐승 가죽으로 만든 천막에서 지내기도 했어요.

이누이트들은 추위 때문에 농사를 지을 수 없어서 동물의 고기나 생선을 먹고 살았어요. 주로 바다표범, 물개, 순록 등을 사냥하여 먹거나 바다에서 연어와 송어 같은 물고기를 잡아먹었지요.

오늘날에는 이런 전통 생활 방식으로 사는 이누이트들이 많지 않아요. 이누이트들은 대부분 차를 타고 다니고, 먹는 것과 사는 집도 우리와 크게 다르지 않지요. 하지만 조상들이 물려준 여러 지혜는 생활 곳곳에 스며들어 남아 있답니다.

이누이트는 물고기를 잡을 때 '카약'이라는 배를 타고 바다로 나가.

01 북극 주변의 알래스카, 그린란드, 캐나다 북부 지역 등에서 사는 사람들을 무엇이라고 부르는지 쓰세요.

02 이누이트에 대해 <u>틀리게</u> 말한 친구를 찾아 ○ 하세요.

눈과 얼음으로 뒤덮여 있는 곳에서 살아.
핫또야

옛날에 동물의 가죽과 털로 만든 옷을 입었어.
롱이

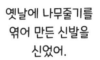

옛날에 나무줄기를 엮어 만든 신발을 신었어.
빵이

옛날에 동물의 고기와 생선을 먹고 살았어.
소라

03 옛날 이누이트의 집에 대한 설명으로 맞는 것을 모두 고르세요. (,   )

① 물 위에 집을 짓고 살았어요.

② 겨울철에 멀리 사냥을 나갔을 때는 임시로 이글루를 짓고 살았어요.

③ 사계절 내내 진흙으로 만든 집에서 살았어요.

④ 여름에는 짐승 가죽으로 만든 천막에서 지내기도 했어요.

04 옛날에 이누이트들이 주로 먹던 것을 모두 찾아 ◯로 묶으세요.

순록   오징어   연어   바나나

닭   송어   바다표범

망토 소매가 없이 어깨 위로 걸쳐 둘러 입도록 만든 외투.

문양 물건을 장식하기 위해 표면에 그리거나 새겨 넣은 무늬.

안성맞춤 조건이나 상황이 어떤 경우나 형편에 잘 어울림.

원주민 어떤 지역에 원래부터 살고 있는 사람들.

체크무늬 가로세로의 선이 서로 겹쳐서 만나는 모양의 무늬.

특색 보통의 것과 차이가 나게 다른 점.

엄마가 짜 주신 망토야. 멋지지?

너 어깨에 걸친 게 뭐야? 예쁘다!

와, 도자기에 나무 문양이 새겨져 있어.

새 문양도 있네!

이 장식품을 어디에 놓는 게 좋을까요?

비어 있는 저 자리가 딱 안성맞춤이네.

라마

페루에 사는 원주민들은 라마의 털로 만든 옷을 주로 입어.

내 티셔츠는 세로줄 무늬.

내 티셔츠는 가로줄 무늬.

내 티셔츠는 가로줄과 세로줄이 겹쳐진 체크무늬야.

내가 입은 건 일본 전통 옷인 기모노야. 넓은 허리띠가 특색이지.

내가 입은 건 중국 전통 옷인 치파오야. 세워진 옷깃이 특색이지.

01 낱말의 뜻을 찾아 선으로 이으세요.

(1) 문양 •

(2) 안성맞춤 •

(3) 체크무늬 •

(4) 망토 •

• ㉠ 조건이나 상황이 어떤 경우나 형편에 잘 어울림.

• ㉡ 물건을 장식하기 위해 표면에 그리거나 새겨 넣은 무늬.

• ㉢ 소매가 없이 어깨 위로 걸쳐 둘러 입도록 만든 외투.

• ㉣ 가로세로의 선이 서로 겹쳐서 만나는 모양의 무늬.

02 낱말의 뜻을 바르게 말한 친구를 찾아 ○ 하세요.

원주민은 어떤 지역에 원래부터 살고 있는 사람들을 말해.

핫또야

특색은 보통의 것과 별 차이가 나지 않게 비슷한 점을 말해.

꽈리

03 ☐☐ 안에서 알맞은 낱말을 골라 ○ 하세요.

(1) 내가 여행한 도시들은 저마다 고유한 특색 / 특권 이 있었어요.

(2) 나는 나비 문안 / 문양 이 수놓아진 손수건을 샀어요.

(3) 추운 날 겉옷 위에 망사 / 망토 를 걸치면 덜 추워요.

(4) 아빠는 가로세로의 선이 겹쳐지는 체크무늬 / 물결무늬 셔츠를 자주 입어요.

(5) 인디언은 아메리카 대륙에서 원래부터 살던 이주민 / 원주민 이에요.

(6) 새집은 아담해서 혼자 살기에는 안성맞춤 / 엉거주춤 이에요.

나라마다 특색 있는 전통 옷

우리가 특별한 날에 한복을 입듯이, 다른 나라 사람들도 특별한 날에 차려입는 전통 옷이 있어요. 이런 전통 옷은 나라별 특색이 뚜렷하지요.

일본 여자들은 새해와 같은 특별한 날에 '기모노'라는 전통 옷을 입어요. 기모노는 길이가 길고 소매가 넓으며 허리에 '오비'라고 부르는 넓은 띠를 두르는 옷이에요. 색깔과 문양이 아주 화려하지요.

인도 여자들이 입는 전통 옷은 '사리'예요. 사리는 한 장의 기다란 천으로 되어 있는데, 천 한쪽은 허리에 감아 매고 다른 한쪽은 어깨에 걸치거나 머리를 감싸 입지요. 바람이 잘 통해 더운 인도의 날씨에 안성맞춤인 옷이에요.

베트남 여자들은 '아오자이'라는 전통 옷을 입어요. 아오자이는 '긴 옷'이라는 뜻으로, 통이 넓은 바지와 옆이 길게 트인 긴 상의로 되어 있어요.

페루를 비롯한 안데스산맥 주변 나라에 사는 원주민들은 '판초'라는 전통 옷을 입어요. 판초는 천 중앙에 구멍을 뚫고 그곳으로 머리를 내어 어깨에 늘어뜨려 입는 옷으로, 일종의 망토예요. 이들이 사는 곳은 높은 산지라서 밤낮의 기온 차가 아주 큰데, 판초는 쉽게 입고 벗을 수 있고 담요로도 쓸 수 있어서 사람들이 즐겨 입지요.

스코틀랜드 사람들은 우리가 흔히 생각하는 것과 아주 다른 전통 옷을 입어요. 보통 치마는 여자만 입는다고 생각하는데, 스코틀랜드 남자들은 전통 옷으로 '킬트'라는 치마를 입어요. 킬트는 허리에서 무릎까지 내려오는 주름치마인데, 체크무늬로 된 옷감을 이용해 만든답니다.

전통 옷은 그 나라의 자연환경, 생활 방식 등을 보여 줘.

▲ 기모노　　▲ 사리　　▲ 아오자이　　▲ 판초　　▲ 킬트

01 어느 나라의 전통 옷인지 찾아 선으로 이으세요.

(1) 사리 •   • ㉠ 인도

(2) 기모노 •   • ㉡ 베트남

(3) 아오자이 •   • ㉢ 일본

02 기모노에 대해 바르게 말한 아이를 모두 찾아 이름을 쓰세요. (,   )

- 세희 : 소매가 넓고 허리에 오비라고 부르는 넓은 띠를 두르는 옷이야.
- 채훈 : 한 장의 기다란 천으로 되어 있어.
- 유이 : 통이 넓은 바지와 옆이 길게 트인 긴 상의로 되어 있어.
- 재민 : 색깔과 문양이 아주 화려해.

03 안데스산맥 주변 나라에 사는 원주민들이 입는 옷에 대한 글을 읽고, 알맞은 말에 ○ 하세요.

안데스산맥 주변 나라에 사는 원주민들은 (판초 | 아오자이)라는 전통 옷을
입어요. 이 옷은 천 중앙에 구멍을 뚫고 그곳으로 (팔 | 머리)을/를 내어 어깨에
늘어뜨려 입는, 일종의 (원피스 | 망토)예요.

04 킬트에 대한 설명으로 맞는 것을 모두 고르세요. (,   )

① 스코틀랜드 여자들이 입는 전통 옷이에요.

② 스코틀랜드 남자들이 입는 전통 옷이에요.

③ 체크무늬 옷감으로 만든 주름치마예요.

④ 체크무늬 옷감으로 만든 외투예요.

뜻에 알맞은 낱말을 돌림판에서 찾은 다음, 오른쪽 돌림판의 같은 칸에 낱말의 뜻에 해당하는 문제 번호를 쓰세요.

1. 바다에서 나는 동물과 식물.

2. 소나 양과 같은 가축이 먹을 풀과 물을 찾아 옮겨 다니면서 사는 민족.

3. 건강을 지키는 데 좋지 않거나 알맞지 않은 것.

4. 공정하지 못하고 한쪽으로 치우친 생각.

5. 건물 등을 짓는 데 기본이 되는 구조.

6. 미리 기간을 정하지 않은 잠시 동안.

7. 나쁜 조건이나 힘든 일 등을 이겨 냄.

8. 어떤 지역에 원래부터 살고 있는 사람들.

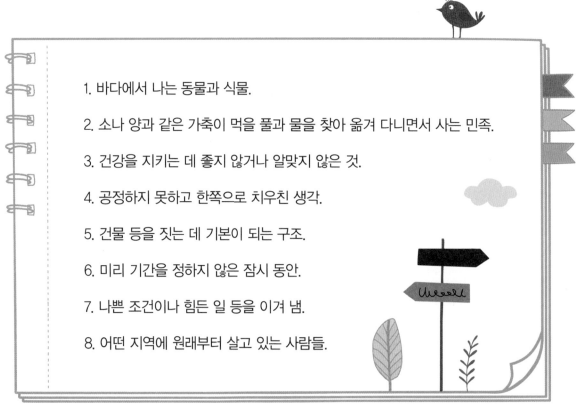

낱말 뜻에 해당하는 문제 번호를 여기에 써 봐.

해산물 뼈대 극복 원주민 유목민 편견 임시 비위생적

1

글의 내용이 맞는 것만 따라가며 줄을 긋고, 도착한 집에 ○ 하세요.

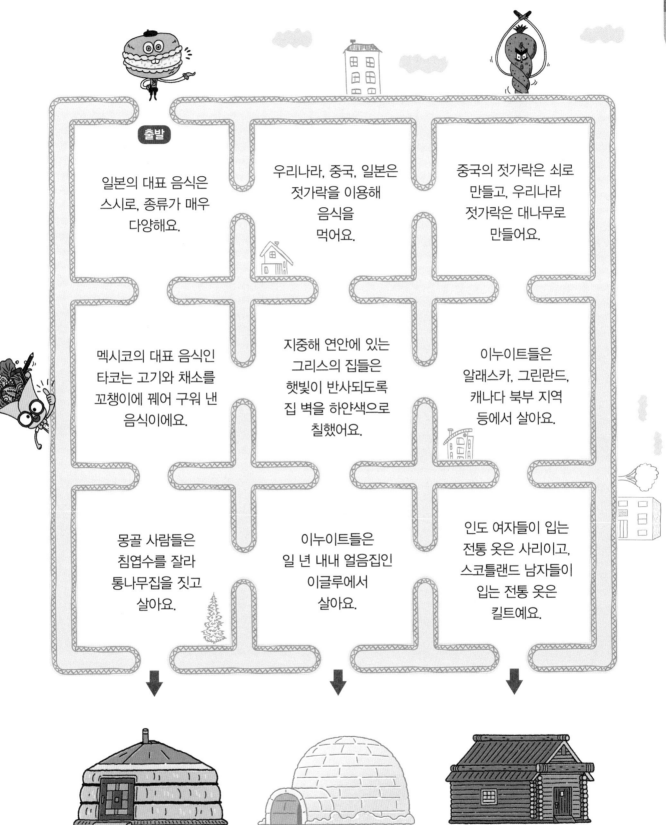

출발

일본의 대표 음식은 스시로, 종류가 매우 다양해요.

우리나라, 중국, 일본은 젓가락을 이용해 음식을 먹어요.

중국의 젓가락은 쇠로 만들고, 우리나라 젓가락은 대나무로 만들어요.

멕시코의 대표 음식인 타코는 고기와 채소를 꼬챙이에 꿰어 구워 낸 음식이에요.

지중해 연안에 있는 그리스의 집들은 햇빛이 반사되도록 집 벽을 하얀색으로 칠했어요.

이누이트들은 알래스카, 그린란드, 캐나다 북부 지역 등에서 살아요.

몽골 사람들은 침엽수를 잘라 통나무집을 짓고 살아요.

이누이트들은 일 년 내내 얼음집인 이글루에서 살아요.

인도 여자들이 입는 전통 옷은 사리이고, 스코틀랜드 남자들이 입는 전통 옷은 킬트예요.

게르

이글루

통나무집

4주 세계 문화 2

1일

어휘 | 귀하다, 기본적, 당황스럽다, 뜻깊다,
맞대다, 무례
독해 | 세계 여러 나라의 독특한 인사

2일

어휘 | 고향, 글귀, 신사, 인내, 자정, 흥
독해 | 새해 첫날을 어떻게 맞을까?

3일

어휘 | 경연, 대포, 이주, 전시, 정열적, 퍼레이드
독해 | 세계 곳곳에서 열리는 축제

5일

어휘 | 가치, 권력, 대칭, 문화유산, 유네스코, 유적
독해 | 인류의 소중한 유산, 세계 문화유산

4일

어휘 | 계시, 규율, 단식, 라마단, 신자, 창시
독해 | 종교도 다르고 믿는 모습도 다르고

6일

복습
교과서 속 책 읽기

귀하다 아주 가치가 있고 소중하다.

기본적 근본이나 기초가 되는 것.

당황스럽다 놀라거나 매우 급하여 어떻게 해야 할지를 모르는 데가 있다.

뜻깊다 가치나 중요성이 크다.

맞대다 서로 마주 닿게 하다.

무례 말이나 행동에 예의가 없음.

01 뜻에 알맞은 낱말을 찾아 선으로 이으세요.

(1)   서로 마주 닿게 하다.   •   • ㉠   뜻깊다

(2)   가치나 중요성이 크다.   •   • ㉡   당황스럽다

(3)   놀라거나 매우 급하여 어떻게   •   • ㉢   맞대다
      해야 할지를 모르는 데가 있다.

02 빈 곳에 알맞은 낱말을 보기 에서 찾아 쓰세요.

보기

예의

가치

기초

(1) '기본적'은 근본이나 _____ 가 되는 것을 말해요.

(2) '무례'는 말이나 행동에 _____ 가 없는 것을 말해요.

(3) '귀하다'는 아주 _____ 가 있고 소중하다는 뜻이에요.

03 안에서 알맞은 낱말을 골라 ○ 하세요.

(1) 우리는 벤치에 나란히 앉아 어깨를 | 맞들고 | 맞대고 | 있었어요.

(2) 사람의 생명보다 | 귀한 | 실한 | 것은 없어요.

(3) 처음 만난 사람에게 반말을 하는 것은 | 무료 | 무례 | 한 행동이에요.

(4) 그는 방귀를 뀌고 나서 | 자랑스러워 | 당황스러워 | 얼굴이 빨개졌어요.

(5) 광복절은 우리나라의 광복을 기념하는 | 뜻깊은 | 엄격한 | 날이에요.

(6) 옷과 음식, 집은 사람이 살아가는 데 필요한 | 기술적 | 기본적 | 인 것들이에요.

세계 여러 나라의 독특한 인사

처음 만난 사람이 여러분에게 침을 뱉는다면 기분이 어떨까요? 무척 당황스럽고 화가 날 거예요. 우리나라에서는 다른 사람에게 침을 뱉는 것이 무례한 행동이지만, 아프리카에 사는 마사이족 사이에서는 상대방의 얼굴에 침을 뱉는 것이 인사랍니다. 건조한 기후 때문에 물이 귀한 아프리카 사람들에게는 입 안의 물인 침을 뱉는 것이 귀한 것을 함께 나눈다는 의미의 아주 뜻깊은 인사이지요.

이렇게 나라마다 인사하는 방법이 달라요. 하지만 세계 어느 곳에서나 통하는 인사가 있어요. 바로 '악수'이지요. 악수는 상대방의 손을 잡고 위아래로 가볍게 흔드는 인사로, 세계 여러 나라에서 널리 사용되는 기본적인 인사법이에요.

인도와 중국에도 손을 이용한 인사법이 있어요. 인도에서는 두 손을 기도하듯이 가슴 앞에 모으고 고개를 숙이며 "나마스테!"라고 말하며 인사해요. 중국에서는 한 손은 주먹을 쥐고 다른 손으로 주먹을 감싼 뒤 손을 가슴 높이로 올리며 인사하지요.

얼굴을 사용해 인사하는 나라도 있어요. 프랑스, 이탈리아, 에스파냐 등에서는 상대방의 양쪽 뺨에 자기 뺨을 번갈아 맞대는 '비주'라는 인사를 많이 해요. 한쪽 볼이 닿을 때마다 입으로 "쪽!" 소리를 내지요. 뉴질랜드의 원주민인 마오리족은 손을 잡고 서로 코를 비비며 "키아 오라!"라고 말하며 인사해요. '홍이'라고 하는 이 인사법에는 서로 영혼을 교환하고 섞는다는 의미가 담겨 있지요. 티베트에서는 모자를 벗고 혀를 내밀며 "타시텔레!"라고 하는 것이 전통 인사법이에요.

나라마다 인사하는 방법은 다르지만, 인사를 하며 상대방에게 예의를 지키고 반가움을 표현하는 마음은 비슷해요.

01 마사이족의 인사에 대해 바르게 말한 친구를 모두 찾아 ○ 하세요.

롱이: 상대방의 얼굴에 침을 뱉으며 인사해.

또띠: 싸워서 누가 센지를 가리자는 의미가 있는 인사야.

소라: 귀한 것을 함께 나눈다는 의미가 있는 인사야.

02 상대방의 손을 잡고 위아래로 가볍게 흔드는 인사로, 세계 여러 나라에서 널리 사용되는 인사법은 무엇인지 쓰세요.

03 어떤 나라의 인사법인지 찾아 선으로 이으세요.

(1) 두 손을 가슴 앞에 모으고 고개를 숙이며 "나마스테!"라고 말하며 인사해요.

(2) 상대방의 양쪽 뺨에 자기 뺨을 번갈아 맞대며 인사해요.

(3) 모자를 벗고 혀를 내밀며 "타시텔레!"라고 말하며 인사해요.

ㄱ 프랑스

ㄴ 인도

ㄷ 티베트

04 마오리족의 인사법으로 맞는 것을 고르세요. (   )

① 뺨을 때리며 인사해요.

② 주먹 쥔 손을 가슴에 대고 고개를 숙이며 인사해요.

③ 손을 잡고 서로 코를 비비며 "키아 오라!"라고 말하며 인사해요.

④ 서로의 뺨을 맞대고 입으로 "쪽!" 소리를 내며 인사해요.

고향 태어나서 자란 곳.

글귀 몇 글자 또는 몇 단어로 된 짧은 글.

신사 일본에서 왕실의 조상이나 신 또는 국가에 큰 공을 세운 사람을 신으로 모신 사당.

인내 괴로움이나 어려움을 참고 견딤.

자정 밤 열두 시.

흥 즐거운 감정. 또는 즐거움을 일어나게 하는 감정.

01 낱말의 뜻을 **보기** 에서 찾아 기호를 쓰세요.

보기

㉠ 밤 열두 시.

㉡ 괴로움이나 어려움을 참고 견딤.

㉢ 태어나서 자란 곳.

㉣ 즐거운 감정. 또는 즐거움을 일어나게 하는 감정.

㉤ 몇 글자 또는 몇 단어로 된 짧은 글.

㉥ 일본에서 왕실의 조상이나 신 또는 국가에 큰 공을 세운 사람을 신으로 모신 사당.

(1) 고향 (   )   (2) 신사 (   )   (3) 자정 (   )

(4) 글귀 (   )   (5) 인내 (   )   (6) 흥 (   )

02 빈칸에 알맞은 글자를 모두 찾아 ○ 하세요.

(1) 엄마와 아빠는 두 분 다 부산에서 태어나고 자라서 □□이 같아요.

| 고 | 불 | 개 | 향 |

(2) □□이 되자 뻐꾸기시계에서 뻐꾸기가 나와 열두 번을 울었어요.

| 수 | 자 | 우 | 정 |

(3) 일본에는 전국 곳곳에 신을 모시는 □□가 있어요.

| 신 | 만 | 사 | 주 |

03 밑줄 친 낱말의 쓰임이 틀린 것을 찾아 ✓ 하세요.

(1) 가수의 노랫소리가 마을 잔치의 <u>흥</u>을 돋우었어요.

(2) 그는 <u>인내</u>가 착해서 어려운 사람들을 늘 도와주어요.

(3) 친구가 좋은 <u>글귀</u>가 쓰인 액자를 생일 선물로 주었어요.

새해 첫날을 어떻게 맞을까?

우리는 설날이 되면 떡국을 먹고 어른들께 세배하고 서로에게 복을 비는 인사를 해요. 다른 나라 사람들은 새해 첫날을 어떻게 보낼까요?

일본의 새해 첫날은 양력 1월 1일로, '오쇼가쓰'라고 해요. 일본 사람들은 이날을 신을 맞이하는 날로 여겨서 새해가 오기 전에 집 주변을 깨끗하게 청소하고, 신이 좋아한다는 소나무 장식을 집 앞에 세워 놓거나 달아 두지요. 그리고 새해 첫날 아침에는 찰떡으로 만든 떡국을 먹고, 아이들은 어른들에게 새해 인사를 하고 세뱃돈을 받아요. 또 기모노를 입고 신사나 절을 찾아가서 한 해의 행운을 빌지요.

중국의 새해맞이 명절인 '춘절'은 음력 1월 1일이에요. 중국 사람들은 춘절이 되면 고향으로 돌아가 가족과 함께 지내지요. 춘절 전날에는 가족이 모여 만두를 빚고 명절 음식을 나눠 먹으며 밤을 새워요. 자정이 되면 집 안에 있는 나쁜 기운과 귀신을 쫓고 명절의 흥을 돋우기 위해 폭죽을 터뜨리지요. 또 붉은색 종이에 좋은 뜻의 글귀를 적어 대문에 붙이거나,

▲ 중국의 춘절 모습

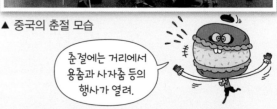
춘절에는 거리에서 용춤과 사자춤 등의 행사가 열려.

복이 들어오기를 바라며 대문에 '복(福)' 자를 쓴 종이를 거꾸로 붙여 놓기도 해요.

이란에서는 밤과 낮의 길이가 같은 날인 춘분을 1월 1일로 삼아서 양력 3월 20일 전후가 새해 첫날이에요. 이날을 '노루즈'라고 부르는데, '새로운 날'이라는 뜻이지요. 이란 사람들은 새해가 되기 전 주 화요일 밤에 모닥불을 뛰어넘으며 "내 약함을 가져가고 강인함을 주세요."라고 외치는 행사를 하며 노루즈를 맞을 준비를 해요. 그리고 새해 첫날 아침에는 건강, 인내, 사랑 등을 의미하는 일곱 가지 물품으로 상을 차리며 한 해의 행운과 건강을 빌지요.

나라마다 새해 모습은 다르지만, 새해를 축하하는 의미는 어디나 비슷하답니다.

01 어느 나라의 새해 첫날을 부르는 말인지 찾아 선으로 이으세요.

(1)   춘절   •

(2)   오쇼가쓰   •

(3)   노루즈   •

• ㉠   일본

• ㉡   중국

• ㉢   이란

02 일본의 새해 첫날에 대한 설명이면 '일본', 중국의 새해 첫날에 대한 설명이면 '중국'을 쓰세요.

(1) 대문에 '복(福)' 자를 쓴 종이를 거꾸로 붙여 놓아요.

(2) 찰떡으로 만든 떡국을 먹어요.

(3) 신사나 절에 가서 한 해의 행운을 빌어요.

(4) 붉은색 종이에 좋은 뜻의 글귀를 적어 대문에 붙여요.

03 중국에서 춘절에 폭죽을 터뜨리는 이유를 바르게 말한 친구를 모두 찾아 ○ 하세요.

명절의 흥을 돋우기
위해서야.

핫또야

신을 맞이하기
위해서야.

소라

집 안에 있는 나쁜 기운과
귀신을 쫓기 위해서야.

빵이

04 이란의 새해 첫날에 대한 설명으로 <u>틀린</u> 것을 고르세요. (   )

① 양력 3월 20일 전후예요.

② 새해가 되기 전 주 화요일 밤에 모닥불을 뛰어넘는 행사를 해요.

③ 만두를 빚으며 밤을 새워요.

④ 아침에 건강, 사랑 등을 의미하는 일곱 가지 물품으로 상을 차려요.

경연 여럿이 모여 예술이나 기술 등의 실력을 겨룸.

대포 화약의 힘으로 포탄을 멀리 쏘는 무기.

이주 개인이나 종족, 민족 등의 집단이 원래 살던 지역을 떠나 다른 지역으로 이동해서 삶.

전시 찾아온 사람들에게 보여 주도록 여러 가지 물품을 한곳에 차려 놓음.

정열적 마음속에서 뜨겁고 강하게 일어나는 적극적인 감정을 지닌 것.

퍼레이드 축제나 축하 등으로 많은 사람이 거리를 화려하게 줄지어 가는 일.

01 뜻에 알맞은 낱말을 보기 에서 찾아 빈칸에 쓰세요.

> 보기   경연   대포   정열적   퍼레이드

(1) 화약의 힘으로 포탄을 멀리 쏘는 무기. ┄┄┄┄┄┄┄┄┄┄ [   ]

(2) 여럿이 모여 예술이나 기술 등의 실력을 겨룸. ┄┄┄┄┄┄ [   ]

(3) 마음속에서 뜨겁고 강하게 일어나는 적극적인 감정을 지닌 것. ┄ [   ]

(4) 축제나 축하 등으로 많은 사람이 거리를 화려하게 줄지어 가는 일. [   ]

02 낱말의 뜻을 바르게 말한 친구를 찾아 ○ 하세요.

전시는 찾아온 사람들에게 보여 주도록 여러 가지 물품을 한곳에 차려 놓는 것을 말해.

빵이

이주는 일정한 곳에 머물러 사는 것을 말해.

꽈리

03 (   ) 안에서 알맞은 낱말을 골라 ○ 하세요.

(1) 무용수들은 빠른 음악에 맞춰 (정열적 | 정치적)으로 춤을 추었어요.

(2) (대포 | 육포)를 쏘자 큰 소리가 나며 포탄이 적군을 향해 날아갔어요.

(3) 월드컵에서 좋은 성적을 거둔 선수단의 환영 (퍼센트 | 퍼레이드)가 열렸어요.

(4) 이모는 영국 사람과 결혼한 뒤 영국으로 (시주 | 이주)했어요.

(5) 사진사는 전시실을 빌려 그동안 찍은 사진을 (전시 | 감시)했어요.

(6) 지윤이는 무용 (경연 | 경주) 대회에 참가하기 위해 열심히 연습했어요.

세계 곳곳에서 열리는 축제

세계 여러 나라에서는 해마다 다양한 축제가 열려요. 사람들은 축제에 참여해 즐거운 시간을 보내지요. 세계에 어떤 축제가 있는지 살펴볼까요?

전 세계적으로 널리 알려진 대표적인 축제 중 하나는 브라질의 '리우 카니발'이에요. 이 축제는 매년 2월 말부터 3월 초 사이에 리우데자네이루에서 열리지요. 축제의 주인 공이 '삼바'라고 할 정도로 축제에서 삼바가 차지하는 부분이 매우 커요. 삼바는 브라질 로 이주한 아프리카 사람들의 전통적인 춤으로, 매우 빠르고 정열적이지요. 축제는 4~5일 동안 밤낮을 가리지 않고 열리는데, 삼바를 가르치는 학교들이 준비한 화려한 퍼레 이드가 펼쳐지고, 거리에서는 화려한 의상을 입은 삼바 무용수들이 삼바 리듬에 맞춰 신나게 춤을 추어요.

에스파냐에서는 토마토로 유명한 마을인 부뇰에서 '토마토 축제'가 열려요. 이 축제는 매년 8월 마지막 주 수요일에 딱 하루만 열리지요. 축제 날 오전, 마을 광장에 햄을 매 단 장대를 세우고, 사람들이 장대에 올라가 햄을 잡아 떨어뜨리면 축제가 시작돼요. 축 제에 참가한 사람들은 미리 트럭에 실어 온 엄청난 양의 토마토를 서로에게 던지며 토마 토 싸움을 벌이지요. 1시간 정도 지나 대포 소리가 나면 토마토 싸움이 끝나요.

겨울이 길고 눈이 많이 오는 일본 홋카이도의 삿포로에서는 매년 2월 초에 '눈 축제'가 열려요. 유명한 건축물, 동화나 만화 속 캐릭터, 궁전 등을 눈과 얼음으로 아주 크게 만들어 전시해요. 그리고 눈 조각 경연 대회와 얼음 조각 경연 대회도 열리지요.

▲ 삿포로 눈 축제 조각상

리우 카니발, 삿포로 눈 축제, 독일 뮌헨의 맥주 축제가 세계 3대 축제야.

01 리우 카니발에서 브라질 사람들이 추는 정열적인 춤을 무엇이라고 하는지 쓰세요.

02 토마토 축제에 대한 설명으로 맞는 것을 모두 고르세요. (,   )

① 에스파냐의 부뇰에서 열려요.

② 매년 8월 마지막 한 주 동안 계속해서 열려요.

③ 사람들이 토마토를 서로에게 던지는 축제예요.

④ 마을의 학교들이 축제 준비에 앞장서요.

03 삿포로 눈 축제에 대한 설명이 맞으면 '예', 틀리면 '아니요'에 ○ 하세요.

⑴ 매년 2월 초에 일본 홋카이도의 삿포로에서 열려요.   예 | 아니요

⑵ 눈과 얼음으로 유명한 건축물, 만화 속 캐릭터, 궁전 등을 만들어 전시해요.   예 | 아니요

⑶ 무용수들이 눈 쌓인 거리를 돌아다니며 춤을 추어요.   예 | 아니요

⑷ 눈 조각 경연 대회와 얼음 조각 경연 대회가 열려요.   예 | 아니요

04 다음 축제들이 매년 열리는 순서대로 기호를 쓰세요.

㉠ 에스파냐의 토마토 축제   ㉡ 브라질의 리우 카니발   ㉢ 삿포로 눈 축제

(→   →   )

계시 사람의 지혜로써는 알 수 없는 진리를 신이 가르쳐 알게 함. 또는 그런 진리.

규율 사회나 조직의 질서를 유지하기 위하여 사람들이 따르도록 정해 놓은 규칙.

이 나라를 이끌 위대한 인물이 태어날 것이라는 계시를 받았다.

믿습니다!

이게 우리 씨름부의 규율이니 신입 부원들은 앞으로 잘 지키도록 해.

특히 1번 규율은 반드시 지켜야 해.

씨름부 규율
1. 시간 엄수
2. 장난 금지
3. 말조심

ㅇㅇ중

단식 어떤 목적을 위하여 음식을 먹지 않음.

라마단 이슬람 달력으로 아홉 번째 달로, 단식을 하고 부정한 일을 멀리하는 달.

넌 왜 안 먹어?

살 빼려고 단식 중이야.

굶어서 살을 빼는 건 건강에 안 좋아.

이슬람 사람들은 일 년에 한 달 동안 낮에 단식을 하는데, 그게 이번 달이래.

그달을 라마단이라고 해.

신자 종교를 믿는 사람.

창시 어떤 일이나 사상, 학설 등을 처음 시작하거나 내세움.

와, 저 스테인드글라스 참 예쁘다!

쉿, 신자들이 기도하고 있으니 조용히 말해!

석가모니는 보리수나무 아래에서 깨달음을 얻고 불교를 창시했어.

석가모니

불교

그 뒤 인도를 돌아다니며 불교를 전파했지.

01 낱말에 대한 설명이 맞으면 ○, 틀리면 ✕ 하세요.

(1) '단식'은 어떤 목적을 위하여 음식을 먹지 않는 것을 말해요. ( )

(2) '신자'는 종교를 믿는 사람을 말해요. ( )

(3) '라마단'은 불교 달력으로 첫 번째 달로, 단식을 하는 달이에요. ( )

(4) '규율'은 법으로 정해져서 지키거나 따라야 할 규칙이나 규범을 말해요. ( )

(5) '계시'는 사람의 지혜로써는 알 수 없는 진리를 신이 가르쳐 알게 하는 것 또는 그런 진리를 말해요. ( )

(6) '창시'는 바라는 바가 이루어지도록 절대적 존재 혹은 신앙의 대상에게 비는 것을 말해요. ( )

02 ( ) 안에 알맞은 낱말을 보기 에서 찾아 기호를 쓰세요.

보기　　　㉠ 라마단　　　㉡ 규율　　　㉢ 계시

(1) 선생님은 교문에서 학교 ( )에 어긋나는 행동을 하는 학생이 있는지 살폈어요.

(2) 이슬람교에서는 무함마드가 천사를 통해 알라의 ( )를 받았다고 해요.

(3) 이슬람교를 믿는 사람들은 ( ) 기간 중 해가 떠 있는 시간에는 음식과 물을 먹지 않아요.

03 낱말이 들어갈 알맞은 문장을 찾아 선으로 이으세요.

(1) 창시 　•

(2) 신자 　•

(3) 단식 　•

•㉠ 건강 검진을 하려고 ▢을 했더니 배가 고파요.

•㉡ 부처님 오신 날에 불교 ▢들은 절에 가서 연등을 달아요.

•㉢ 예수가 ▢한 크리스트교는 이웃 사랑을 강조해요.

종교도 다르고 믿는 모습도 다르고

세계에는 다양한 종교가 있어요. 그중에서 신자 수가 가장 많은 크리스트교, 불교, 이슬람교를 세계 3대 종교로 꼽아요.

크리스트교는 하느님을 섬기는 종교로, 예수가 창시했어요. 유럽과 아메리카를 비롯한 서양 사람들은 물론이고, 우리나라 사람 중에도 크리스트교를 믿는 사람이 많아요. 크리스트교 신자들은 일요일에 성당이나 교회에 모여 함께 미사나 예배를 드리고 성경에 적힌 교리대로 생활하려고 노력해요. 하느님을 믿으면 구원을 얻어 죽어서 천당에 가고, 그러지 않으면 지옥에 간다고 믿지요.

불교는 인도의 석가모니가 창시한 종교로, 부처의 가르침을 따르며 수행하는 종교예요. 주로 동아시아와 동남아시아에 사는 사람들이 많이 믿지요. 불교에서는 이전 생에 지은 선악에 따라 다음 생의 행복과 불행이 정해지며, 죄가 많은 사람은 동물로 태어난다고 믿어요. 그래서 불교 신자들은 살아 있을 때 좋은 일을 많이 하고 생명이 있는 것은 무엇이든지 함부로 죽이지 않으려고 조심하지요.

라마단 기간에 이슬람교 신자들이 이슬람 사원에 모여 기도하고 있어.

▲ 이슬람 사원에서 기도하는 신자들

이슬람교는 예언자 무함마드가 창시했는데, 이란 같은 서남아시아 대부분의 나라와 알제리 같은 북아프리카의 여러 나라에 신자들이 많아요. 이슬람교를 믿는 사람들은 알라를 유일한 신으로 섬기며, 알라의 계시를 모아 놓은 책인 『쿠란』의 내용에 따라 생활해요. 특히 라마단 기간에는 해가 떠 있는 동안 단식하고, 싸움을 하지 않는 등 엄격한 규율을 지키며 살아요.

종종 서로 다른 종교를 믿는 사람들끼리 다투는 일이 있어요. 내가 믿지 않는 종교라하더라도 열린 마음으로 받아들이고 존중하는 자세가 필요해요.

01 세계의 3대 종교를 쓰세요.

,	,

02 크리스트교에 대한 설명이 맞으면 ○, 틀리면 × 하세요.

(1) 예수가 창시한 종교로, 하느님을 섬겨요.   (   )

(2) 이란과 이라크 같은 서남아시아 여러 나라에서 주로 믿어요.   (   )

(3) 죄가 많은 사람은 다음 생에 동물로 태어난다는 교리가 있어요.   (   )

(4) 이 종교를 믿는 사람들은 일요일에 성당이나 교회에 모여 미사나
예배를 드려요.   (   )

03 불교에 대한 글을 읽고, 알맞은 말에 ○ 하세요.

(1) 인도의 (무함마드 | 석가모니)가 창시했어요.

(2) (부처 | 예수)의 가르침을 따르며 수행하는 종교예요.

(3) 동아시아와 (서남아시아 | 동남아시아)에 사는 사람들이 많이 믿어요.

04 이슬람교에 대한 설명으로 <u>틀린</u> 것을 고르세요. (   )

① 예언자 무함마드가 창시했어요.

② 알라의 계시를 모아 놓은 『성경』을 읽어요.

③ 라마단 기간에는 단식을 하는 등 엄격한 규율을 지키며 살아요.

④ 서남아시아와 북아프리카의 여러 나라에 신자가 많아요.

가치 의미나 중요성.

권력 남을 복종시키거나 지배하는 데에 쓸 수 있는 사회적인 권리와 힘.

대칭 두 사물이 서로 크기나 모양이 정확히 같아 한 쌍을 이룸.

문화유산 문화적인 가치가 높아 후손들에게 물려줄 필요가 있는 문화나 문화재.

유네스코 교육·과학·문화를 통하여 국가 간의 협력을 촉진하기 위해 설립된 국제 연합 기구.

유적 남아 있는 역사적인 자취.

01 낱말과 그 뜻이 바르게 짝 지어진 것을 모두 찾아 ✔ 하세요.

(1) 유적 – 앞선 시대에 살았던 사람들이 후대에 남긴 물건. ☐

(2) 문화유산 – 문화적인 가치가 높아 후손들에게 물려줄 필요가 있는
　　　　　 문화나 문화재. ☐

(3) 유네스코 – 교육·과학·문화를 통하여 국가 간의 협력을 촉진하기 위해
　　　　　 설립된 국제 연합 기구. ☐

02 낱말의 뜻을 찾아 선으로 이으세요.

(1) 대칭 •

(2) 권력 •

(3) 가치 •

• ㉠ 의미나 중요성.

• ㉡ 두 사물이 서로 크기나 모양이 정확히
　 같아 한 쌍을 이룸.

• ㉢ 남을 복종시키거나 지배하는 데에 쓸
　 수 있는 사회적인 권리와 힘.

03 빈 곳에 알맞은 낱말을 **보기** 에서 찾아 쓰세요.

보기　　가치　　권력　　유적　　대칭　　유네스코　　문화유산

(1) 그는 ＿＿＿＿＿＿을 잡은 뒤 자신을 반대하던 관리들을 모두 쫓아냈어요.

(2) 동물 보호 센터에서 봉사하는 일은 매우 ＿＿＿＿＿＿ 있는 일이에요.

(3) 고고학자는 새로 발견된 ＿＿＿＿＿＿을 조심스럽게 파며 조사했어요.

(4) ＿＿＿＿＿＿에서는 불국사와 석굴암을 세계 문화유산으로 지정했어요.

(5) 한글은 우리나라의 자랑스러운 ＿＿＿＿＿＿이에요.

(6) 하트 모양은 가운데를 중심으로 양쪽이 ＿＿＿＿＿＿을 이루고 있어요.

인류의 소중한 유산, 세계 문화유산

세계 여러 나라에는 역사적, 예술적으로 큰 가치가 있는 건축물이나 유적이 많아요. 유네스코에서는 이런 건축물이나 유적을 '세계 문화유산'으로 지정해 보호하고 있지요.

▲ 피라미드

이집트의 대표적 세계 문화유산으로는 피라미드를 꼽을 수 있어요. 피라미드는 5,000여 년 전에 만들어진 옛날 이집트 왕들의 무덤이에요. 자연에서 얻은 돌을 일정한 크기로 깎아 사각뿔 모양으로 쌓아 만들었는데, 큰 피라미드는 높이가 약 150m에 이르지요. 구조나 지은 모양새에 빈틈이 없어 당시의 건축 기술이 얼마나 뛰어났는지를 보여 주어요.

중국의 만리장성도 세계적으로 유명한 문화유산이에요. 만리장성은 진시황이 외적의 침입을 막기 위해 기존에 있던 성벽을 길게 이어서 쌓은 성벽이지요. 진시황 이후의 황제들이 몇백 년 동안 고치고 덧붙여 쌓아 지금에 이르렀어요. 만리장성은 실제 길이가 6,000km가 넘는, 인류가 만든 가장 거대한 건축물이에요.

프랑스의 베르사유 궁전은 화려하고 아름다운 건축물로 손꼽히는 세계 문화유산이에요. 17세기 유럽에서 최고 권력을 자랑하던 루이 14세가 귀하고 비싼 재료를 모두 가져다가 지었지요. 수천 개의 방으로 이루어진 이 궁전은 크기도 크고 웅장하며 내부 장식도 엄청 화려해요. 넓고 아름다운 정원은 유럽 정원의 본보기가 되기도 하지요.

▲ 타지마할

인도의 대표적 세계 문화유산인 타지마할은 이슬람 건축 양식으로 지어진 궁전 형식의 무덤이에요. 무굴 제국의 황제 샤자한이 죽은 왕비를 추모하기 위해 세운 것이지요. 타지마할은 건물 전체를 하얀 대리석으로 지었는데, 어느 방향에서 보아도 완벽하게 대칭을 이루어요.

01 글을 읽고, 알맞은 말에 ○ 하세요.

(유엔 | 유네스코)에서는 역사적, 예술적으로 큰 가치가 있는 건축물이나 유적을
(세계 문화유산 | 세계 자연 유산)으로 지정해 보호하고 있어요.

02 각 나라의 세계 문화유산을 **보기** 에서 찾아 기호를 쓰세요.

보기   ㉠ 만리장성   ㉡ 베르사유 궁전   ㉢ 피라미드   ㉣ 타지마할

(1) 중국 (   )   (2) 이집트 (   )   (3) 인도 (   )   (4) 프랑스 (   )

03 어떤 세계 문화유산에 대한 설명인지 쓰세요.

• 진시황이 외적의 침입을 막기 위해 쌓은
  성벽이에요.
• 인류가 만든 가장 거대한 건축물이에요.

• 이집트 왕들의 무덤이에요.
• 돌을 깎아 사각뿔 모양으로 쌓아
  만들었어요.

(1) (   )   (2) (   )

04 베르사유 궁전에 대한 설명이면 '베', 타지마할에 대한 설명이면 '타'에 ○ 하세요.

(1) 이슬람 건축 양식으로 지어진 궁전 형식의 무덤이에요.   베   타

(2) 루이 14세가 지은 화려하고 아름다운 궁전이에요.   베   타

(3) 수천 개의 방으로 이루어져 있고, 넓고 아름다운 정원이 있어요.   베   타

(4) 건물 전체가 하얀 대리석으로 지어졌고, 대칭을 이루고 있어요.   베   타

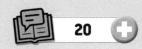
➡ 가로 풀이와 세로 풀이를 보고, 풀이에 알맞은 낱말을 빈칸에 쓰세요.

가로 풀이

① 남아 있는 역사적인 자취.

③ 서로 마주 닿게 하다.

⑥ 아주 가치가 있고 소중하다.

⑧ 마음속에서 뜨겁고 강하게 일어나는 적극적인 감정을 지닌 것.

⑩ 사람의 지혜로써는 알 수 없는 진리를 신이 가르쳐 알게 함. 또는 그런 진리.

세로 풀이

② 교육·과학·문화를 통하여 국가 간의 협력을 촉진하기 위해 설립된 국제 연합 기구.

④ 화약의 힘으로 포탄을 멀리 쏘는 무기.

⑤ 몇 글자 또는 몇 단어로 된 짧은 글.

⑦ 근본이나 기초가 되는 것.

⑨ 어떤 일이나 사상, 학설 등을 처음 시작하거나 내세움.

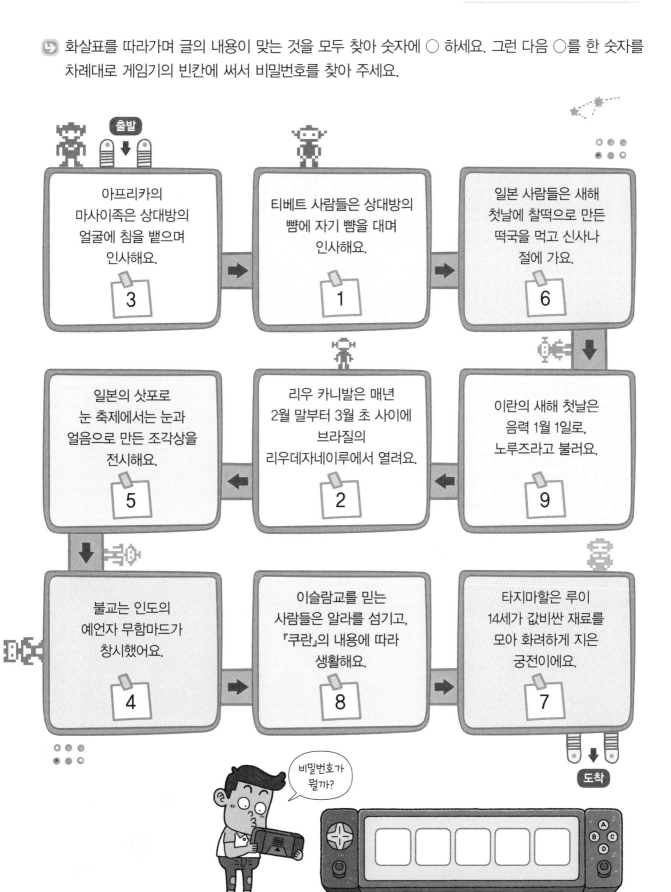

화살표를 따라가며 글의 내용이 맞는 것을 모두 찾아 숫자에 ○ 하세요. 그런 다음 ○를 한 숫자를 차례대로 게임기의 빈칸에 써서 비밀번호를 찾아 주세요.

영국 노팅 힐 축제

영국에서 열리는 노팅 힐 축제는 많은 시민이 참여할 수 있도록 매년 여름 휴가철인 8월 마지막 주에 열려요. 영국에서 8월 마지막 주 월요일은 '뱅크 홀리데이'라는 법정 공휴일인데, 노팅 힐 축제는 바로 이 마지막 주 월요일까지 열리는 거예요. 축제 기간이 2~4일 정도로 길지는 않지만 주말과 공휴일에 열리는 만큼 많은 사람이 참여할 수 있어요. 끝이 보이지 않는 퍼레이드와 한껏 들뜬 사람들을 보면 누구라도 흥이 날 정도예요.

노팅 힐 축제의 기원을 알면 그 매력에 더욱 빠질 수밖에 없어요. 제2차 세계 대전이 끝나고 난 뒤, 영국은 일손이 많이 모자랐다고 해요. 그래서 영국 식민지였던 지역에서 영국 국적을 가진 유색 노동자들을 데려오기 시작했어요.

이때 인도, 파키스탄, 홍콩 등의 지역에서 많은 사람들이 일을 하기 위해 영국으로 건너왔는데, 특히 자메이카 등 카리브해에 살던 흑인들이 많이 이주해 왔어요. 돈을 벌기 위해 자기 나라를 떠나온 가난한 흑인들은 런던 변두리 노팅 힐에 하나둘씩 모여들어 살게 되었어요. 한국인들끼리 모여 사는 코리아타운이나 중국인들이 모여 사는 차이나타운처럼 말이에요.

노팅 힐에 정착한 흑인 노동자들은 영국 사람들의 냉대와 차별을 이겨 내며 힘든 시간을 보냈어요. 힘들고 외롭게 외국 생활을 하다 보니 고향에 대한 그리움도 매우 컸지요.

그래서 1964년부터 다 함께 모여 고향을 그리고 작은 잔치를 벌이던 것이 오늘날 세계 최고의 축제인 노팅 힐 축제로 명성을 떨치게 되었답니다.

유경숙, 『놀면서 배우는 세계 축제 1』, 꿈꾸는 꼬리연

01 노팅 힐 축제에 대한 설명으로 **틀린** 것을 고르세요. (   )

① 영국에서 열려요.   ② 매년 여름 휴가철에 열려요.

③ 영국 원주민들의 축제예요.   ④ 2~4일 정도 열려요.

02 노팅 힐에 정착한 흑인 노동자들의 삶을 바르게 말한 친구를 찾아 ○ 하세요.

영국 사람들의 관심과 사랑을 받았어.

또띠

영국 사람들의 냉대와 차별을 받았어.

꽈리

영국에서 돈을 많이 벌고 행복한 생활을 했어.

핫또야

03 노팅 힐 축제에 대한 글을 읽고, 빈 곳에 알맞은 말을 쓰세요.

자메이카 등 카리브해에서 이주해 온 _____ 노동자들이 노팅 힐에 정착해 살다가 1964년부터 다 함께 모여 _____ 을 그리고 작은 잔치를 벌이던 것이 노팅 힐 축제가 되었어요.

어휘 풀이

· **법정 공휴일** 국가나 사회에서 법으로 정하여 다 함께 쉬는 날.
· **기원** 새로운 일이나 사건의 출발점이 되는 시대나 시기.
· **식민지** 힘이 센 다른 나라에게 정치적, 경제적으로 지배를 받는 나라.
· **국적** 한 나라의 구성원이 되는 자격.
· **유색** 색이 있음.
· **변두리** 어떤 지역의 가장자리인 곳.
· **냉대** 정없이 차갑게 대함.
· **명성** 사람들에게 높은 평가를 받으며 세상에 널리 알려진 이름.

1일 어휘 (11쪽)

01 (1) 신분 (2) 넓이 (3) 격식 (4) 고유
(5) 옷차림 (6) 솜

02 (1) 신, 분 (2) 고, 유 (3) 맵, 시

03 (2), (3)

1일 독해 (13쪽)

01 ①, ④

02 조선 시대

03 (1) ㉠, ㉣ (2) ㉡, ㉢

04 (1) ○ (2) ○ (3) ✕ (4) ○

2일 어휘 (15쪽)

01 (1) ㉢ (2) ㉡ (3) ㉠

02 (1) 발, 효 (2) 양, 념 (3) 김, 장

03 (1) 버무렸어요 (2) 절였더니 (3) 발효
(4) 젓갈 (5) 김장 (6) 양념

2일 독해 (17쪽)

01 소금, 양념

02 무조림

03 (1) ㉡ (2) ㉠

04 소라, 롱이

3일 어휘 (19쪽)

01 (1) ㉣ (2) ㉠ (3) ㉤ (4) ㉡ (5) ㉢ (6) ㉥

02 (1) 난방 (2) 트여

03 (1) ㉢ (2) ㉣ (3) ㉡ (4) ㉠

3일 독해 (21쪽)

01 나무, 돌, 볏짚, 흙

02 ④

03 (1) 초가집 (2) 기와집

04 ③

4일 어휘 (23쪽)

01 (1) 풍, 년 (2) 동, 지 (3) 성, 묘

02 (1), (3)

03 (1) 복 (2) 음력 (3) 동지 (4) 쥐불놀이
(5) 성묘 (6) 풍년

4일 독해 (25쪽)

01 명절

02 ③

03 부럼 깨물기

04 (1) 추석 (2) 대보름 (3) 대보름 (4) 추석

5일 어휘 (27쪽)

01 (1) ✕ (2) ○ (3) ✕ (4) ○ (5) ○ (6) ✕

02 핫또야

03 (1) ㉡ (2) ㉣ (3) ㉢ (4) ㉠

5일 독해 (29쪽)

01 ①, ③

02 (1) 차전놀이 (2) 씨름

03 롱이, 소라

04 딱지치기, 술래잡기, 공기놀이, 제기차기

6일 복습 (30~31쪽)

1일 어휘 (35쪽)

01 (1) ㉣ (2) ㉢ (3) ㉠ (4) ㉡

02 (1) 예, 물 (2) 절, 차

03 (1) 예복 (2) 예물 (3) 절차 (4) 함
(5) 벼슬아치 (6) 청혼

1일 독해 (37쪽)

01 ②, ④

02 (1) ㉠, ㉡, ㉤ (2) ㉢, ㉣, ㉤

03 폐백

04 ㉤, ㉡, ㉠, ㉢

2일 어휘 (39쪽)

01 (1) 도공 (2) 표면 (3) 가마 (4) 우아하다
(5) 소박하다 (6) 유약

02 (1) 우아해 (2) 소박했어요

03 (1) ㉢ (2) ㉠ (3) ㉣ (4) ㉡

2일 독해 (41쪽)

01 찰흙, 높은

02 ②

03 (1) ㉠, ㉣ (2) ㉡, ㉢

04 상감 청자

3일 어휘 (43쪽)

01 (1) 선, 비 (2) 벼, 슬 (3) 인, 격

02 (1), (2)

03 (1) 격려 (2) 선비 (3) 모범 (4) 벼슬

(5) 행실 (6) 인격

3일 독해 (45쪽)

01 (1) ○ (2) ✕ (3) ○ (4) ✕

02 빵이, 롱이

03 (1) ㉢ (2) ㉠ (3) ㉣

04 책씻이

4일 어휘 (47쪽)

01 (1) 오래 (2) 정통 (3) 실용적 (4) 없고
(5) 상징 (6) 우습다

02 (1) 상, 징 (2) 장, 수 (3) 정, 통

03 (1)

4일 독해 (49쪽)

01 민화

02 ③

03 (1) ㉢ (2) ㉠ (3) ㉣

04 꽈리, 롱이

5일 어휘 (51쪽)

01 (1) ㉣ (2) ㉢ (3) ㉡ (4) ㉠

02 ③

03 (1) 수호신 (2) 재앙 (3) 장대 (4) 경계
(5) 새겨 (6) 전염병

5일 독해 (53쪽)

01 장승, 솟대

02 ④

03 오리

04 (1) ○ (2) ✕ (3) ○ (4) ○

6일 복습 (54~55쪽)

교과서 속 책 읽기 (57쪽)

01 구경꾼, 설명

02 (1) 마부 (2) 소심

03 ②, ④

1일 어휘 (61쪽)

01 (1) ㄴ (2) ㅂ (3) ㅁ (4) ㄱ (5) ㄷ (6) ㄹ

02 (2)

03 (1) ㄷ (2) ㄴ (3) ㄱ

1일 독해 (63쪽)

01 (1) 예 (2) 아니요 (3) 예 (4) 아니요

02 (1) ㄴ (2) ㄹ (3) ㄱ (4) ㄷ

03 케밥

04 (1) 생선 (2) 옥수숫가루, 소스

2일 어휘 (65쪽)

01 (1), (3)

02 (1) ㄱ (2) ㄷ (3) ㄴ

03 (1) 북미 (2) 비위생적 (3) 편견
(4) 뭉툭해서 (5) 제맛 (6) 발라내

2일 독해 (67쪽)

01 포크, 나이프

02 ②, ③

03 (1) ㄴ, ㄹ (2) ㄱ, ㄷ

04 동남아시아, 인도, 아프리카

3일 어휘 (69쪽)

01 (1) 해, 충 (2) 뼈, 대 (3) 침, 엽, 수

02 빵이, 꽈리

03 (1) 침엽수 (2) 뼈대 (3) 해충 (4) 화덕
(5) 반사 (6) 말뚝

3일 독해 (71쪽)

01 (1) ○ (2) ○ (3) × (4) ○

02 ④

03 통나무집

04 (1) 하얀색 (2) 두껍게, 작게

4일 어휘 (73쪽)

01 (1) 혹독하다 (2) 임시 (3) 극복
(4) 이글루 (5) 이누이트 (6) 열악하다

02 ②

03 (1), (2)

4일 독해 (75쪽)

01 이누이트

02 빵이

03 ②, ④

04 순록, 송어, 연어, 바다표범

5일 어휘 (77쪽)

01 (1) ㄴ (2) ㄱ (3) ㄹ (4) ㄷ

02 핫또야

03 (1) 특색 (2) 문양 (3) 망토 (4) 체크무늬
(5) 원주민 (6) 안성맞춤

5일 독해 (79쪽)

01 (1) ㄱ (2) ㄷ (3) ㄴ

02 세희, 재민

03 판초, 머리, 망토

04 ②, ③

6일 복습 (80~81쪽)

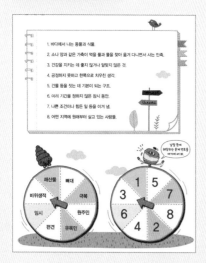

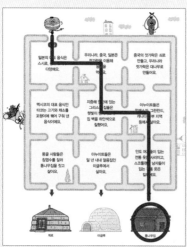

1일 어휘 (85쪽)

01 (1) ㉢ (2) ㉠ (3) ㉡

02 (1) 기초 (2) 예의 (3) 가치

03 (1) 맞대고 (2) 귀한 (3) 무례 (4) 당황스러워
(5) 뜻깊은 (6) 기본적

1일 독해 (87쪽)

01 롱이, 소라

02 악수

03 (1) ㉡ (2) ㉠ (3) ㉢

04 ③

2일 어휘 (89쪽)

01 (1) ㉢ (2) ㉲ (3) ㉠ (4) ㉱ (5) ㉡ (6) ㉳

02 (1) 고, 향 (2) 자, 정 (3) 신, 사

03 (2)

2일 독해 (91쪽)

01 (1) ㉡ (2) ㉠ (3) ㉢

02 (1) 중국 (2) 일본 (3) 일본 (4) 중국

03 핫또야, 빵이

04 ③

3일 어휘 (93쪽)

01 (1) 대포 (2) 경연 (3) 정열적 (4) 퍼레이드

02 빵이

03 (1) 정열적 (2) 대포 (3) 퍼레이드 (4) 이주
(5) 전시 (6) 경연

3일 독해 (95쪽)

01 삼바

02 ①, ③

03 (1) 예 (2) 예 (3) 아니요 (4) 예

04 ㉢, ㉡, ㉠

4일 어휘 (97쪽)

01 (1) ◯ (2) ◯ (3) ✕ (4) ✕ (5) ◯ (6) ✕

02 (1) ㉡ (2) ㉢ (3) ㉠

03 (1) ㉢ (2) ㉡ (3) ㉠

4일 독해 (99쪽)

01 크리스트교, 불교, 이슬람교

02 (1) ◯ (2) ✕ (3) ✕ (4) ◯

03 (1) 석가모니 (2) 부처 (3) 동남아시아

04 ②

5일 어휘 (101쪽)

01 (2), (3)

02 (1) ㉡ (2) ㉢ (3) ㉠

03 (1) 권력 (2) 가치 (3) 유적 (4) 유네스코
 (5) 문화유산 (6) 대칭

5일 독해 (103쪽)

01 유네스코, 세계 문화유산

02 (1) ㉠ (2) ㉢ (3) ㉣ (4) ㉡

03 (1) 만리장성 (2) 피라미드

04 (1) 타 (2) 베 (3) 베 (4) 타

6일 복습 (104~105쪽)

교과서 속 책 읽기 (107쪽)

01 ③

02 꽈리

03 흑인, 고향

사회 2권 찾아보기

메모장

메모장